房地产
项目开发与运营管理

FANGDICHAN XIANGMUKAIFA
YU YUNYINGGUANLI

 宋述磊◎著

中国广播影视出版社

图书在版编目（CIP）数据

房地产项目开发与运营管理 / 宋述磊著 . —北京：
中国广播影视出版社, 2023. 8
　ISBN 978-7-5043-9080-6

　Ⅰ. ①房… Ⅱ. ①宋… Ⅲ. ①房地产开发②房地产—
项目管理 Ⅳ. ①F293.3

中国国家版本馆 CIP 数据核字（2023）第 140992 号

房地产项目开发与运营管理
宋述磊　著

责任编辑　王　波
责任校对　龚　晨
装帧设计　中北传媒

出版发行　中国广播影视出版社
电　　话　010-86093580　　010-86093583
社　　址　北京市西城区真武庙二条 9 号
邮政编码　100045
网　　址　www.crtp.com.cn
电子邮箱　crtp8@sina.com

经　　销　全国各地新华书店
印　　刷　廊坊市海涛印刷有限公司

开　　本　710 毫米 × 1000 毫米　　　1/16
字　　数　212（千）字
印　　张　16.75
版　　次　2023 年 8 月第 1 版　　　2023 年 8 月第 1 次印刷

书　　号　978-7-5043-9080-6
定　　价　86.00 元

前　言

　　随着时代的进步和国家实力的增强，房地产行业已在我国经济产业中占据着举足轻重的地位，是我国关键的经济产业领域，带动了诸多行业发展和创造了大量经济财富。而伴随着产业蓬勃发展，竞争也随之而来，房地产公司之间的争夺越来越剧烈。故而，想要在激烈且残酷的市场竞争中立于不败之地，就要不断提高企业的核心竞争力，而这就要求房地产项目负责人采取科学正确的手段。

　　在房地产项目开发过程中，合理地配置各项资源的前提是做好运营管理工作，进而保证企业的经济效益。为了能够让房地产企业更好地发展，笔者撰写了《房地产项目开发与运营管理》一书，以期有些帮助。这本书聚焦于房地产项目的开发，并通过全面的分析和实例来探讨这一领域的理论和实际应用，共分为三大部分：首先从房地产经营与管理的概念、房地产市场及运行规律、房地产项目开发与运营管理流程为切入点，对房地产项目开发的前期工作，即开发项目的市场调查与预测、可行性分析、项目的市场细分与定位、项目的规划与设计等，进行了深入的论述和分析；其次对房地产项目的投融资管理、建设的管理范畴进行了详细的阐述；最后对房地产项目营销与管理提升、房地产物业管理与运作两个环节展开了相应的研究。

　　本书注重理论与实践的结合，前沿性强，覆盖全面，体例清晰完整，具有较强的实用性和可操作性，可供房地产项目管理人员于工作中加以参考，也可作为房地产从业人员的相关培训教材，亦可作为房地产类专业的辅助教学用书。

笔者在编辑此书的过程中，受到了不少专家、学者的支持与指点，在此致以衷心的感谢。因为笔者水平有限，再加上时间匆忙，书中所包含的内容难免会有遗漏之处，所以期望各位读者可以提出自己的建议，并方便笔者进行修订，以使内容更为完备。

目　录

第一章　绪论

第一节　房地产经营与管理的概念

一、房地产项目的相关概念

（一）房地产

所谓安居才能乐业，房屋对人类的生存发展有着不言而喻的重大意义，是人类安身立命的场所。随着社会的发展，房屋已经成为当今社会经济活动和生活活动的重要支柱，它不仅是人类生产生活的基本要素，也是最重要的资源，是人们获取财富的必要条件。

1. *房地产的概念界定*

"房地产"一词通常用来描述拥有特定土地或建筑的个人或组织，这些个人或组织可能拥有物质财富或权利。[①]

房地产可以被视为一种综合性的财富，它由土地、建筑物以及相关的服务设施组成，构成了一个完整的经济体系。土地可以被定义为由地表到地下

---

① 蒲建明：《房地产估价：实务、经验和艺术》，化学工业出版社，2010，第1页。

的广阔区域。建筑物是一种由各种材料、构件和设备组成的复杂结构，它们共同构成了人类社会的基本结构，包括建筑物本身和周围环境。除了种植的花草树木、假山、水井、地下管线和设施外，还有许多其他的附属物，它们可以极大地提升房屋的使用价值，并且可以满足不同的需求。

从经济形态（即法律层面）来看，房地产权通常涵盖了所有权、使用权、抵押权、地役权以及典当权等多种权利。

《中华人民共和国物权法》强调，在界定房地产时，必须遵守两个基本原则：房地是不可分割的，其中包括土地使用权的归属以及地面建筑物和其他附属物的所有权；只有符合特定要求的土地，才能成为真正的房地产开发的"宝藏"。

2. 房地产与不动产、物业的关系

在国际上，物业、房地产与不动产都用 property 表达，这三者为同一概念。但在我国，这三者的概念并不相同。在我国，房地产指的是从生产到销售再到消费的一系列商品，它涵盖了所有的住宅、商铺、公共服务设施等。不动产则涉及土地以外的资源，例如矿山、森林、河流、湖泊等。从宏观角度来看，不动产不仅仅指房地产，而且也涵盖那些无法转让或者转让后可能导致经济损失的物品。

3. 房地产的属性

土地和房屋组成了房地产，故而，房地产兼具了二者的属性。同时，房地产处于广泛的社会关系中，因此兼具了多重属性，其属性具体如下。

第一，价值属性：一般情况下，房地产的价值较高，房地产单位的价值高，整体价值高。

第二，固定属性：一般情况下，房地产是不可移动的，虽然在技术层面可以做到短距离移动，但其操作难度大，并且房地产移动后性质和价值也会发生改变。

第三，流动属性：房地产的流动性较低，也就是变现的能力差。由于房地产的单位面积及其整体价格较高，再加上它的不变性，使得同一宗房地产的交易活跃度较低。在房地产交易中，通常会耗费大量的时间和精力去寻找合适的买家，以便达成最佳的交易价格。

第四，耐久属性：房地产具有很长的使用年限，一般使用年限会超过几十年，有些甚至长达百年以上，所以房地产的耐久属性高。

第五，异质性：因为房地产所处位置、环境、建筑风格、楼层、朝向等因素的不同，所以每一宗房地产都是不同的。另外，房地产的异质性会造成消费者的偏好不同。

第六，土地供给稀缺性：每座城市的空间是有限的，好的区域和地段的价值会更高，在此情况下，造成了房地产土地供给的稀缺性。

第七，投资与消费属性：房地产既具有投资价值，又具有消费价值，它既可以用于居住，也可以用于投资，成为一种独特的商品。

第八，影响属性：房地产与周边土地、周边地产会相互影响、相互作用，即房地产的价格会受到相邻地产状况的影响，也会影响相邻地产的价格。例如，新住宅如果坐落在较为繁华的商业区，在其他情况基本相同的情况下，其价格往往会高于坐落在住宅区的房地产。

第九，容易被限制：在世界上，政府都非常重视房地产的管理。他们通常会采取措施，如实施监督、征税、收费以及其他形式的干预。

4. 房地产的分类

房地产不仅具有较多的属性，而且分类也较多。房地产的分类可以按用途和收益进行划分。房地产是一种复杂的资源，它的类型涵盖了各种不同的用途，从住宅、工业厂房、仓库、商场、餐厅、文化娱乐中心、政府机构、公共基础设施、综合楼等，都是不同类型的资源。此外，房地产还可以根据收益性和非收益性进行划分，包括自用型、营业型、出租型和出售型等。

（二）项目

在当今的社会中，"项目"一词已经成为一种普遍的概念，它涵盖了工作和生活的方方面面，而"事件"则指的是一些特定的行动，旨在实现预期的目标。在长期的发展过程中，项目一词的内涵与外延正在不断拓展。

ISO10006 将项目定义为一个独特的过程，它由一系列协调一致、受控的活动构成，并且有明确的开始和结束日期。实施过程旨在达成预期目标，并确保时间、费用和资源等因素得到有效控制。

根据我国的具体情况，参照世界上大部分国家对项目的描述，本书对项目的定义是：在某些限制因素（如财力、时间和质量）的影响下，由特定的团队按照预期的目标进行的单独的工作。

1.项目的特征表现

基于项目的基本概念，其具有如下五大特征。

第一，项目的单件性和一次性。单件性和一次性体现了项目独特的性质，也是项目最为主要的特征，单件性和一次性的特征让项目成为不可重复的。不仅项目的目标和组织是不可重复的，而且也表现在项目的约束条件上。所以世界上找不到一模一样的项目，项目也无法批量生产。这也就是项目一次性特征的本质所在。

第二，项目的目标性和约束性。项目的目标性是指它的行动方向，它的具体内容应该包括完成的任务数量、完成的质量、完成的时间、完成的质量、完成的质量等。它的目的在于让项目取得预期的效果，并且要求每个步骤都要达到预期的效果，以达到预期的效果。在这里规定了一系列严格的限制，包括但不限于规定的时长、有效的资源和严格的质量要求。

第三，项目的生命周期性。项目所具有的一次性的特点，决定了项目像一切生命体一样，具有自己的生命周期，项目会像生命体一样经历诞生、成长、衰老和消亡等阶段。如房地产项目，其诞生于项目建议书、可行性研究，成长于建设准备、建筑安装。因为项目有着自己的生命周期，所以在进行项目管理时，要对项目进行全方位、全过程的管控，将项目看为一个完整的整体。

第四，项目的整体性。项目都具有自己明确的目标，并且项目的组织结构和项目的组成内容又因项目的目标而各不相同，所以在项目的实施过程中应将项目看作一个整体，不能在项目的实施过程中将其分开看待。这需要在项目的建设和管理的过程中，按项目的需求合理配置生产要素，做到项目质量和结构上的总体优化、把控，保证项目的整体性。

第五，项目的不可逆性。由于项目具有多种复杂的特征，而且其执行过程是不可逆的，因此，任何一处错误都会导致巨大的后果，因此，必须严格按照规范的流程来完成项目。为了降低项目的风险，在项目实施前要仔细考虑，项目实施过程中还要进行全方位、全过程的监督管理。

2. 项目的构成条件

根据定义，要构成一个项目，必须具备如下四个基本条件。

第一，项目应该被视为一个紧密结合的系统。它们之间存在着复杂的关联，并且可能会受到时空、地点、特征等多方面的限制。

第二，项目应该拥有一个清晰的发展目标，以实现最终的成功。拥有清晰的目标，就能够为项目提供坚实的基础，因此，它是实现项目成功的关键因素。

第三，项目具有明确的周期。每一个项目都有其开始和结束的时间，从开始到完成，这一过程被称为项目的生命周期。

第四，项目需要有资源保障。一个项目的实施，必然是需要消耗或占用一定的资源的，如房地产项目的建设就需要土地、材料、设备、工人和资金等不同种类的资源。所以在实施项目时必须要有充足的资源作为保障。

当满足了上述的四个基本条件后，事项就可称为项目了。

3. 项目环境及其作用

项目环境，即外界所有对项目产生影响的因素的总和，其构成了项目的边界条件。项目通常会被环境所制约，而项目则是在一定的时间和空间中客观存在的。项目的发展历经漫长而复杂，它不仅仅是社会大系统的一个组成部分，而且还具备了跨越界限、跨越边界的特性，它不仅仅是一个独立的实体，而且还能够与社会大系统的各个层次相互交流、协作，所以项目和环境彼此之间会相互影响和制约。

环境对项目的影响作用，会直接体现在以下三个方面。

第一，环境是决定项目成功的关键因素，它能够为项目带来巨大的价值。以房地产项目为例，房地产项目的规划建设需要从环境角度为第一出发点，围绕环境分析具体问题。在房地产营销领域，"地段"是决定成败的关键因素，它不仅是决策者考虑因素，也是决策者评估因素，更是决定成败因素之一。因此，环境因素在房地产项目中具有极其重要的意义。

第二，制定并执行环境影响项目的规划和实施方案。不同的经济、自然和政治因素可能对一个项目产生重大影响。为了获得最佳效果，项目必须依赖于外部环境，这些环境不仅能够为项目提供必要的资源，而且还能够促成双向的交流，因此，我们可以把这一过程视为一个与环境的有机结合。任何项目都可以充分利用周边的环境条件，如项目周边的设施（公路、铁路、通信设备等）、周边的各类社会组织等，同时项目也要考虑周边的环境，如当地的政策、法律法规、经济水平、气候条件、资源供应水平等。如果在前期规划项目时忽视了这些，可能会导致项目在建设实施过程中出现重大问题。

第三，环境是项目风险的主要来源。在项目建设实施的过程中，如果外部环境不断发生变化，将会对项目造成很大的干扰，这些干扰可能会拖延项目的进度，或者让项目偏离既定目标，更严重的甚至会让项目失败。所以动态的环境会影响并制约项目的建设实施，项目管理者应当将环境纳入风险管理当中。

可以看出，环境对项目的设计规划、建设实施与管理产生重大影响。因此，为了最大限度地发挥环境优势，减少环境风险，项目管理者应该从一开始就深入探讨环境因素和项目之间的相互影响，并准确评估可能会给项目带来的不良影响。通过广泛收集和研究环境相关的信息，进行全面的环境调查。

（三）房地产项目

房地产项目旨在通过合理安排资源、合理设计方案、合理施工流程，满足客户需求，实现其特定使用功能，并且保证其高质量。

根据不同的分类方法，房地产项目可被视为一种独立的建设性行业，其三大显著特点如下。

1. 房地产项目时间要求限定性较强

所谓时间就是金钱，几乎所有的房地产项目都有着时间要求，造成这一情况的主要原因可分为三点。

第一，房地产项目的资金占用量大。它们的单位价格和建造费用都相当昂贵，导致其建设过程中需要占用大量的资金，所以，为了更好地利用这些资源，房地产企业应该采取措施，加强对房地产项目的施工时间的管理。另外，有很多房地产项目的建设资金主要来源于银行等各类金融机构的借贷，如果房地产项目的建设周期太长，会让该项目的建设成本越来越高，从而让房地产企业的收益降低，严重的甚至会导致该房地产项目和企业陷入亏损。

第二，市场需求变化较快。房地产项目除了资金占用量大以外，还有市场需求变化较快的特点。房地产项目建设的周期较长，目前社会经济发展迅速，购房者对房地产项目的需求也在发生改变，购房者越来越重视房地产项目的功能和质量，如果房地产项目建设的周期过长，而产品的定位却没有跟随市场需求而发生改变，可能会让房地产项目的功能过时，从而让产品的价格降低或者滞销。

第三，房地产行业竞争激烈。房地产项目的投资回报率是相当高的，且目前市场对房地产项目的需求相对旺盛，很多新的房地产项目都在规划和建设中，这造成了房地产行业的激烈竞争。在此情况下，如果购房者的购房需求下降，或者同一时期内有大量新房地产项目挂牌销售，会造成同类型产品的市场价格下降，让该项目产品的投资回报低于预期。

2. 房地产项目质量要求较高

房地产是一种重要的社会资源，它对于保障居民的生命和财产安全至关重要。因此，当房地产项目的质量未经检验或检测不合格时，将会对居民的生命和财产造成严重的危害。房地产项目不仅需要投入大量的资金和资源，而且房地产投资行为是不可逆的，如果项目的质量不达标，所投入的资金和资源基本是无法回收的。因此，为了确保房地产项目的质量，政府和开发企业都会采取有效措施，包括制定严格的政策法规、实施竣工验收等流程，以确保项目的质量。

3. 房地产项目组织要求很高

第一，房地产项目具有高度的系统化特征。建设房地产项目是一项复杂而庞大的工程，它不仅需要投入大量资金，而且需要耗费大量时间和多个阶段，同时还具有很强的系统性。因此，管理者需要组织并统筹衔接各个环节，以确保项目在建设前得到统一规划，在建设中得到统一管理，并有效利用资源。

第二，房地产项目的程序性强。"九层之台，起于累土。千里之行，始于足下。"建设房地产项目时，首先必须打好地基，而且必须严格按照规划和固有程序进行，同时要确保各个工作程序之间的有效衔接，以免出现任何问题，从而给项目带来不可估量的损失。

第三，房地产项目的组织协调性强。由于房地产项目是一个复杂且庞大的工程，一个房地产项目的建设往往会有几十个企业或部门参与其中，为了保证房地产项目能够有条不紊的按计划进行建设，要求管理者必须有着较强的组织协调性，让参建的众多部门能够和谐地按照顺序开展建设，避免在建设中出现"各自为政"的情况。

（四）房地产业

1. 房地产业的内涵

房地产业是一个专注于房地产投资、建设、运营、维护以及提供相关服务的领域。房地产业是一个庞大而复杂的行业，涵盖了各种类型的房屋建设、销售、维护、租赁以及相关的市场活动。企业的主要业务包括：①土地开发和重新利用；②房地产发展和施工；③地产投资，包括出售、转让、租赁和抵押土地使用权；④房地产经营涉及多种方式，包括但不限于房屋出售、出租、抵押等；⑤房地产中介服务涵盖了多个领域，如咨询、估价、测量、代理、公证等；⑥金融和其他相关服务，如房地产。

在房地产行业，投资者、开发者、运营者、银行、建筑公司、物业服务公司以及其他相关的中介机构都是重要的参与者。

2. 房地产业与国民经济

多年来，房地产业一直处于我国国民经济的核心位置，它既是一个独立的行业，也是一个具有重要意义的基础性和先导性产业，具备极高的附加值，因此，它可以被誉为支撑国家经济的重要力量。

房地产业为政治、经济、社会和文化生活提供了一定的空间地域，可以说房地产业是现代社会重要的物质基础，如果没有房地产业，城市和社会经济将无法发展壮大。①房地产业对我们国家来说至关重要，它不仅是一个基础性的经济体系，更是一个推动经济增长的重要动力，为国家发展提供了强大的支撑；②房地产业对于推动城市经济发展和实现城市现代化至关重要，其作用不可忽视；③房地产业对于促进社会的进步至关重要；④房地产业的发展可以极大地改善城市经济结构，为政府带来更多的财政收入，有效地配置土地资源，优化消费结构，促进市场体系的持续完善。

地产业也是当前国民经济的支柱型产业之一。"支柱型产业"通常被定义为那些在我国经济中扮演重要角色的行业，它们不仅能够促进国家的经济增长，还能够为整个社会提供引领和促进作用。房地产业具有强大的连锁效应，它不仅能够推动我国众多新兴产业的发展，而且能够为地方政府带来丰厚的税收和土地收益，为大量人口提供就业机会，进而促进 GDP 的稳定增长。

3. 房地产业与金融业

房地产业与金融业是相互依赖程度很高并且相互促进、相互融合的两个产业。第一，金融服务对于房地产业的发展至关重要，因为它为我国的房地产开发企业提供了大量的贷款，从而促进了其良性的运转。从 1986 年起，国有商业银行就一直在提供房地产信贷服务，而这种融资模式一直延续到现在，仍然是中国房地产企业获取资金的主要途径。房地产开发所使用的资金中有近一半直接或间接来自银行贷款。第二，房地产信贷是金融业的重要构成部分。对金融机构而言，房地产信贷是其所有信贷资产中最大的部分，也是最能带来利润的部分。随着抵押贷款证券和担保抵押贷款证券等金融衍生产品的创新，房地产抵押贷款迅猛发展。

（1）金融业对房地产业发展的作用

第一，房地产信贷使家庭和个人购房可以摆脱短期的"流动性约束"。"持久收入假说"和"生命周期假说"指出，理性的经济人倾向于在有限的生活中尽可能地使用自己的收入，而非将资源投资于短期的消费。因此，在短期内，如果消费能力受到限制，那么就可以通过获得金融机构的资助来解决问题，以便在未来的某段时间里，可以充分利用自己的资源来实现自己的消费目标。

第二，信贷是房地产业发展的动力。信贷对于房地产业的发展至关重要，它不仅可以激励投资，还能为企业提供充足的资金支持，从而提升企业的经营效率。此外，它还能够激励消费者，为企业的商品销售提供有力的支撑，从而实现企业的可持续发展，这间接推动了房地产业的发展。

第三，房地产金融多元化是大势所趋。目前，我国房地产业对银行资金的依赖正在降低，下一个阶段，房地产业会有越来越多的新融资渠道。我国的市场并不缺少资金，房地产企业也可以通过不同的金融产品吸引社会闲置资金投资房地产，房地产投资主体多元化也是未来的趋势。

（2）房地产金融的发展

房地产金融产品不仅包括基础的房地产贷款、股票和债券等，还有REITs、夹层投资产品、资产证券化以及组合性金融衍生产品。

目前，在我国房地产融资领域，银行贷款仍然是主流，但房地产投资信托基金正处于起步阶段，缺乏有效的法律制度支持。

二、房地产开发经营与管理的含义

（一）房地产开发经营

"房地产开发"指的是在获得国家土地使用权之后，按照城市规划的要求，对基础设施和住宅进行建造的活动。通俗地说，房地产开发指的是在某一区域内，通过精心的设计、策划和实施，以满足客户的需求。通过有效的资源配置，房地产开发不仅能够满足人们的基本生存需求，而且还能够极大地改善社会的物质环境。这种活动涉及多种因素，其中最重要的是土地、财力、设备、技术、管理、劳务等。

在当今复杂多变的房地产市场环境中，房地产经营可被视作一种有效的经济管理手段，旨在帮助房地产企业达成其设定的目标，并有效执行其规划和计划。从广义上来说，房地产经营包括了房地产开发和消费环节；从狭义上来说，房地产经营是指房地产商品流通环节中的营销活动和中介服务。

从本质上讲，虽然房地产开发和房地产经营的概念存在差异，但它们之间却存在着密切的关联，因此，我们可以把它们视为一个完整的体系，也就是说，无论是房地产开发、房地产经营还是其他形式的经济活动，都包括了房地产项目的建设、运行、管理等。

（二）房地产项目管理

房地产项目管理是一个复杂的工程项目管理领域，涉及各种各样的问题。通过采用先进的系统工程技术，管理者可以实现对房地产项目的全面监控，更好地控制建设、运营、维护等各个环节，从而实现资源的有效利用，最终满足客户的需求，并且获得更优质的房地产产品。按照管理者的角色定义，房地产管理可以被划分为四个重要组成部分：首先，由业主单位负责的是对房屋建设的全面监督；设计公司致力于为客户提供优质的住宅建筑解决方案；监理公司致力于为客户提供全面的房屋建设项目咨询服务；施工公司主要负责建造住宅；最终，物业公司将承担起为住户提供全面、优质的物业服务。

房地产项目是一个十分复杂的体系，是一个相互影响、联系的多目标、多过程的体系，在房地产管理的过程中，管理者要让各个目标之间保持均衡性和合理性，同时也要保证各个过程之间的合理衔接与协调紧密。根据房地产项目的整个逻辑过程和项目管理的既定目标，房地产管理应当包括以下内容。

第一，房地产项目的前期规划和可行性研究。房地产项目前期规划是十分重要的一步，包括了土地调查、市场调查、项目产品定位和规划设计等工作。而房地产项目可行性研究则是根据前期规划所得出的方案，对房地产项目进行投资预估和财务评价，在成本收益分析和风险分析的基础上，来决定项目的最优方案，同时对项目提出各种建议。

第二，对于房地产项目，我们需要进行全面的系统分析。通过对项目外部环境的详细调查和内部结构的深入分析，我们可以更好地完成项目。

第三，房地产项目组织管理。自治管理即根据房地产项目主体（房地产企业）和客体（产品）的具体特点，选择合理的项目组织形式，对整个房地产项目实施过程中的物质、信息和人员等进行组织协调。房地产项目组织管理是房地产项目的基础保障之一。

第四，房地产项目的计划管理。房地产项目需要按照计划进行有序建设，所以在进行房地产项目管理时，要对各项实施方案、同体计划、成本计划、资源计划和工期计划等进行严格把控，并根据实际情况对这些计划进行适当优化。

第五，房地产项目的信息管理。由于房地产项目所涉及的各类信息十分庞杂，所以将这些信息分门别类地建立档案和归纳管理是十分有必要的。

第六，房地产项目的实施管理。实施管理包括了项目的风险控制、进度控制、成本控制和质量控制等。

第七，房地产项目的后期管理。后期管理是指房地产项目施工末期到交付使用的各项管理工作，主要包括了房地产项目的竣工验收、市场营销和物业服务等。房地产项目的后期管理是衔接施工交付、验收到日常使用的重要过程，对整个房地产项目有着重要意义。

三、房地产开发经营与管理学科认识

（一）房地产开发经营与管理学科的形成和发展

为了适应时代的发展与市场需求，如今房地产开发经营与管理已经成为一门成熟的应用学科，属管理科学与工程类专业。通过运用现代经营管理原理，研究房地产市场的运行规律，探索出最佳的房地产开发利用方式，以最小的投入获得最大的回报。

房地产开发经营与管理专业采用复合型人才培养模式，是一门综合学科，涉及经济学、管理学、法学和建筑规划、工程技术等多种学科，学生要对国内外房地产行业发展动态的深入理解，且要熟练掌握房地产企业经营管理、开发项目管理、金融和投资学的基本理论知识。为了更好地适应房地产市场的变化，学生应该关注国内外的最新趋势，并熟悉房地产公司的运作流程、项目管理、金融与投资方面的知识。

1987年，教育部发布了《普通高等学校本科专业目录和专业简介》，其中新增了房地产经营管理专业，这一学科在随后的多年里，经历了房地产行业的发展和复兴，已经发展成为一门具有深厚学术底蕴的重要学科。随着经济学理论和现代经营管理理论的不断发展，房地产开发经营与管理学科已经成为房地产企业实现可持续发展的重要基础，为企业提供了一套完善的策略体系，以保障其开发、营销和物业服务等活动的顺利进行。

2001 年 12 月 11 日，中国加入 WTO，这标志着中国经济进入新的历史阶段。中国政府采取了多项措施，包括降低关税、拓展对外出口、鼓励外商直接投资，这些措施都给中国的房地产业带来了巨大的变革。除了我国房地产市场需求和价格的变化外，房地产开发与经营理念也随之发生了变化。我国房地产业逐渐与国际接轨，在房地产项目开发、建设、营销和物业服务等开始不断借鉴国际的运作机制，逐渐实现了房地产开发与经营的国际化，我国房地产业随之也能够和外资企业抗衡，从而进行公平的市场竞争。

随着社会经济的飞速发展，房地产业也在不断探索新的发展理念，努力完善房地产开发、经营和管理的理论和实践。应将生态文明建设置于首位，并将其融入经济发展、政治稳定、文化传承、社会进步等各个领域和全过程。"绿色房地产业"提出了一种新的观念，即在房地产开发和经营过程中，应以保护生态系统的健康发展为基础，以经济效益为核心，以和谐社会为目标，以节能环保技术为支撑，以提高房地产的科技含量，减少对环境的不良影响为目标。绿色房地产业不仅有利于促进房地产行业的可持续发展，也逐渐成为现代房地产业发展的基本观念。

（二）房地产开发经营与管理学科的研究方法

作为一门综合性应用学科，房地产开发经营与管理的基础和指导思想是经济学理论和现代经营管理理论。房地产开发经营与管理在其的基础上，吸收其他各学科的精华，并将这些内容灵活运用于房地产开发、经营和管理活动中。例如，经济学中强调的效益成本，强调在房地产开发与经营活动中要考虑可以货币化的成本与效益，同时也要考虑难以货币化和量化的成本与效益。

为保证经营决策的社会学和整体性，现代经营管理学强调在企业经营管理中要注重研究人与社会系统，而技术系统也不能忽视，且要保证两方面的协调。经营决策理论强调，对决策过程、决策过程中的个人和集体心理与社会反应的研究，以及对决策所需信息的开发及其价值、决策目标价值的分析研究，从而增加决策的科学性。而经营权变理论强调，面对复杂多变的环境情况，企业要随机应变，不能只依靠一成不变的管理理论和管理方法。

房地产开发经营与管理是一门应用科学，其内容最终将应用到房地产实务中。在房地产项目建设之前，进行全面的可行性分析可以为决策者提供可靠的参考依据，从而确保项目的成功实施。在评估房地产开发项目的可行性时，除了遵循一般的准则和技术外，更重要的是，要全面考量这些项目的特殊性，以及利用有效的数据支撑它们的可行性。只有通过这种方式，房地产企业才能够得到准确的结论。在房地产经营方法，现代化的营销手段也是必不可少的。例如，如今的任何商品都离不开广告，房地产商品也是如此，房地产商品与其他商品比较起来有所区别，所以广告也要有所区别，媒体选择与广告诉求都要结合房地产商品的特点来策划，同时投放广告时最好做到精准投放，避免出现资源浪费的情况。

定量分析研究在房地产开发经营与管理中一定要被重视。现代经营管理学强调管理学科的出发点是可以用数学模型和程序来表示与解决经营管理中的计划、组织、决策、控制等职能和过程中出现的问题，寻求解决问题的答案，最终达到最佳的经济效果。现如今，随着经济与科学技术的发展以及管理学理论的不断更新，谋求定量分析结论，可以让经营管理的技术含金量增加。

第二节　房地产市场及运行规律分析

一、房地产市场概述

（一）房地产市场概念界定

市场可以被广义地定义为经济活动的场所，例如商场、市场和交易所。它涵盖了经济主体之间的各种经济关系，并且可以用来指导经济活动。同样，房地产市场也有广义和狭义之分。从宏观上看，房地产市场涵盖了多种经济主体，它们在房地产交易过程中建立起复杂的经济联系，并且在不同的时期发挥着不同的作用。而从微观上看，它仅仅涉及房地产商品的供应与消费。总的来说，房地产市场是一个复杂的系统，由各种交易方式、渠道、价格、融资渠道以及运营机制组成，它为房地产投资者提供了一个可以进行购销、抵押、租赁等活动的平台。

房地产市场中的市场主体是供求双方，也就是市场中的行为人。房地产开发商通过投资、建设和管理房地产，并将其出售或出租，以获得丰厚的回报；需求者必须支付一定数量的货币，才能够实现他们的购买目标。房地产市场的参与者多种多样，包括政府机构、房地产开发公司、社会团体、外资企业和个人等。

房地产市场中的客体则可以理解为市场中的交易对象，如果没有客体存在，房地产交易是不成立的。房地产市场客体包括了房地产商品和地产商品。在当今的房地产市场，各种各样的、高质量的产品都必须满足消费者的需求，才能够实现交易。此外，尽管货币本身并非房地产的商品，但它仍然可以成为房地产市场的重要参与者。

（二）房地产市场的分类

房地产市场可根据功能、用途、市场层次和交易形式等进行划分，形式多种多样。

1. 根据功能划分

按照其功能的差异，房地产市场可以进一步细分为房地产交易、房地产投资、房地产金融服务、房地产劳动力市场以及房地产信息技术市场等。①房产市场是指一切以房屋为标的物的权益过渡行为。通过买卖和租赁两种方式，房地产市场已经发展成为一个完整的交易平台，其中包括房屋出售和出租。②地产市场，又称"土地使用市场"，是一种由政府提供的资源，允许土地所有者通过合理的交易方式来获取和利用这些资源。③金融机构通过提供信贷、发行证券或股票等方式，在房地产市场中进行融资和储蓄活动，从而形成了一个独特的市场——房地产金融市场。④房地产劳务市场是一个专门用于招聘、培训、维护和解决问题的人才的平台，为各类行业的运作提供了强有力的支撑。⑤为房地产业务提供信息、技术咨询、中介、交易信息、行业预测分析和相关资料的市场，被称为房地产信息技术市场。

2. 根据用途划分

一种常见的房地产市场划分方法是根据其用途进行划分。按照这个划分标准，房地产市场可以大致分为两大类：一类是专门用来满足居民需求的，另一类则主要针对投机性需求，即非住宅需求；这句话描述了房地产行业的不同类型，包括住房、办公用房、工厂房以及商业房地产。基于此细分，我们可以进一步将住宅市场划分为普通住宅、别墅和高档公寓等不同类别，以更好地满足消费者的需求。

3. 根据市场层次划分

通常来说，房地产市场可以按照"三级"的级别进行划分，包括一级、二级和三级。一级市场一般具有国家经营的性质，是政府出让土地使用权的行为；二级市场具有经营性质，一般是指房地产企业出售房地产商品的行为；三级市场则具有消费和经营两种性质，指房地产商品的持有者将商品转让或出租的行为。

4. 根据交易形式划分

按照交易方式的差异，房地产市场可以划分为出售、出租、转让和抵押四个阶段。

除了上述几种常见的房地产市场划分方式外，房地产市场还可以按照产权特点进行划分，可分为部分产权交易和完全产权交易市场；按商品化程度划分，可分为公租房、经济适用房和商品房交易市场。

（三）房地产市场的特性

作为市场结构的重要组成部分，房地产市场具有普遍的经济运行机制，并且受到竞争、价格、需求等因素的影响。但房地产商品和其他商品还是有很大区别的，也就是自身的独特性，而且房地产业在我国经济中又有着重要且特殊的地位，这让房地产市场具有了很多区别一般市场的特性。其特性基本如下。

第一，不可移动性和地域性。房地产作为一种永久的资源，它的自然环境和历史价值都是不可改变的。在房地产市场中，因为房地产商品是不可移动的，在不同供需圈中，商品的替代性低。所以不同地区之间的房地产市场很难形成市场竞争和统一的市场价格，房地产市场的竞争通常会在特定的区域内展开，这就是房地产市场的地域性。

第二，不完全竞争性。完全竞争是一种无须外部因素的市场结构，它能够满足消费者的需求，在经济学中是一种理想的竞争状态，一般具有商品同质性强，可替代性强；商品买卖双方人数众多，交易者可以随时进出市场，且商品价格不受个体影响；商品的生产要素完全是自由流动的；商品的各类信息充分且传播畅通等特性。但房地产商品不具备以上的条件，各种因素导致房地产商品的市场竞争没有一般商品自由广泛，所以房地产市场具有不完全竞争性，是一个垄断竞争市场。

第三，供应有限性。由于土地资源有限，且具有不可再生性，因此其价格会随着时间的推移而不断上涨，尤其是在城市中，这种情况更加明显。随着时代的进步，人们对于土地和住宅的需求不断攀升，导致房地产市场日益饱和，供给量显著减少。

第四，市场投机性。随着房地产市场的持续发展，供给的紧张程度也在逐渐提高，一旦出现供大于求的局面，就必须花费更多的时间来弥补缺口，从而使得房地产变成一种可以通过投资获取收益的商品，从而获取更多的经济回报。所以房地产市场具有投机性。

第五，供给调节滞后性。由于房地产开发的投资规模庞大，而且开发周期较长，一旦市场出现供过于求的局面，在建中的房地产项目也因投入了大量资金，不可能因此就停止建设，否则将造成更多的损失。房地产商品还有着经久耐用的特点，即使用年限长。当市场上房地产商品供大于求而降价时，房屋的持有者往往不愿降价出售，多会选择继续持有房屋，观察市场价格。

这样一来，房地产市场需求得不到刺激，过剩的供给需要更长的时间才能被消耗掉以达到新的平衡。由于房地产市场对商品的需求和供给的反应较为缓慢，因此它的供需调节存在明显的延迟现象。

第六，受法律、法规和政策制约性。任何市场都要接受法律、法规和政策的制约，因为房地产经纪活动对社会、国民经济、城市规划建设等方面均有很大影响，所以国家制定了相关的法律、法规和政策进行制约（如《中华人民共和国城市房地产管理法》）。房地产对于人们来说是非常重要的财产，法律上对投资者、产权人和使用者各方都有明确的保护，对房地产商品进行买卖、租赁、继承和抵押等，都需要依据法律进行。总之，从事房地产市场经营管理活动都要符合相关法律的规定。

二、房地产市场的运行规律

房地产市场和其他商业领域一样，都有着自己独特的运营模式。由于房地产供应者和消费者之间的交互作用，房地产市场的运转受到了限制，这种情况导致它的发展模式与传统的完全竞争市场存在较大的不同。

（一）经济周期与房地产市场周期

所谓经济周期也称商业周期或景气循环。经济周期通常描述了经济活动在某个时间段内出现的规律性增长和减少，这些变化可能会导致国家财富的增长或减少。通常来说，经济周期可以划分为四个阶段：增长、扩张、萎缩和衰退。

同样，房地产市场也有着自己的经济周期，房地产市场周期是指房地产行业经济周期循环、发展水平起伏波动的经济现象。产生房地产市场周期的原因有以下几点。

第一，宏观经济周期波动。宏观经济的变化会对房地产商品价格产生重要影响，如果宏观经济基本面良好，房地产商品的价格可能会出现上涨或下跌的趋势；如果宏观经济形势不容乐观，房地产市场的价格可能会出现下降的趋势。

第二，供需因素。如果房地产市场长期供过于求，市场就会下行；如果需求旺盛，供不应求，市场就会上行。

第三，市场信息不对称。房地产市场供需双方获取同一信息的时间存在差异，加上开发商投资房地产到形成有效供给存在滞后性，造成房地产市场的周期波动。

第四，市场主体心理因素。市场主体是有限理性经济人，"羊群效应"以及贪婪和恐惧都可能使得投资者和消费者做出非理性的行为决策，在市场繁荣期追涨，在衰退期杀跌。

第五，政策因素。房地产市场受政策变动的影响巨大，比如，政府对房地产市场进行宏观调控的初衷是减少周期波动的幅度，促进房地产市场健康平稳发展，但有时在客观上却事与愿违。

第六，制度因素。我国房地产市场虽有多年的发展历史，但仍然是一个不太成熟的市场，房地产市场有关制度仍在建设和完善过程中，市场周期波动较为剧烈。随着各方面制度的完善，市场投机行为会得到有效遏制，市场波动幅度也会减小。

（二）房地产市场的自然周期

在房地产市场的发展历史上，它的自然周期通常会在不同的时间点发生变化，包括复苏、增长、收缩和衰退，如图 1-1 所示。

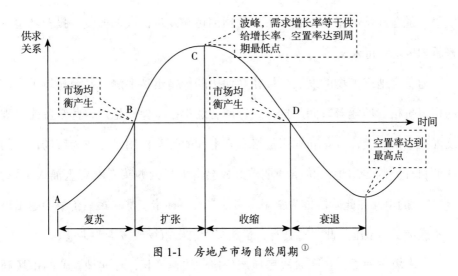

图 1-1 房地产市场自然周期①

注：图中的横轴是时间轴，也是自然空置率水平线。

1. 复苏阶段

在复苏过程中，我们可以参考图 1-1 的 AB 段。A 点的房地产市场处于一个极其不稳定的状态，空置率极其惊人，供大于求，形成了一种极度的供大于求的局面。随着收缩和衰退的持续，需求开始出现缓慢增长，市场供给量极少，房地产价格也呈现出持续下降的趋势。随着日益增长的市场需求，空置房屋的数量显著减少，使得房地产价格从稳定状态中走向上升，而且由于市场的持续复苏，人们对未来的预期也变得越来越乐观，从而使得市场价格和供应量都得以持续增长，最终使得空置率回归至正常水平，从而达成了供需的均衡。

2. 扩张阶段

扩张阶段如图 1-1 中 BC 段所示。图中 B 点所在的位置为市场的均衡点，在此处房地产市场空置率达到自然空置率水平，但市场处于均衡点的时间很

① 张娴、张妍妍、饶静：《房地产开发与经营》，航空工业出版社，2016，第 14 页。

短暂。随着经济的稳步增长，市场的预期也在发生巨大的改变，投资者也越来越积极地看待未来。

随着房地产市场的发展，楼花和期房的价格迅猛上涨，甚至超越了当前的房屋价格，但随着时间的推移，这两者的价格将保持稳定，甚至可能出现反弹。在市场上，楼花和期房价格有着上涨的带头作用，并成为市场预期的参照目标。因为房地产价格预期较好，会有大量的购买者和资金涌入市场，"炒楼"的情况在此阶段成为常态，房地产价格逐步上涨，最后价格会超出市场所能承受的范围，此时将会有大量购买者退出市场或减少购买量。

从需求方面看，扩张阶段房地产价格的快速增长，让房地产业的市场利润率超过其他行业，所以在此阶段中大量资金和投机资金会涌入房地产市场进行消费，让房地产市场出现需求大量增加的情况。同时，在"追涨杀跌"的心理作用下，投资、投机和刚性需求在这一时期持续叠加，这一情况造成的市场紧迫，会让计划在未来进入市场的资金和主体提前入场，给市场带来更大的刺激。

随着市场需求和投资收益的不断攀升，大量的资金纷纷流向房地产行业，许多房地产企业纷纷推出新的投资规划，使得房地产投资增长率、新开工面积增加率均呈上升态势。

3. 收缩阶段

收缩阶段如图 1-1 中 CD 段所示。随着房地产市场的不断扩张，房价也在持续上涨，最终超出了市场所能承受的范围，许多刚性需求的购买者无力承受这样的高价，只能选择离开。但是，在这种情况下，投资和投机资金仍然在支撑着市场。同时，相应的房地产市场收缩政策也开始发挥作用，房地产市场的周期也迎来收缩阶段。这一阶段的开始，也是房地产市场由盛转衰的标志。

从市场方面看，在时滞效应的影响下，房地产商品供给的增长速度超过了需求增长的速度，市场中真实的交易量开始大幅下降，市场上房地产的价格仍在持续上涨中，但此时其增长速度已经放缓。之后，整个市场受到供需变化的影响，房地产价格开始持续下降，商品空置率开始不断增长，空置率会达到 D 点，即自然空置率的水平。

从需求方面看，房地产价格的不断上涨让市场需求结构发生了巨大变化，刚需用户不断退出市场，投机需求在失去了刚性需求的支撑后，市场预期也发生了巨大变化，房地产市场的整体需求开始不断下降。

从供给方面看，在时滞效应的影响下，很多在扩张阶段拟定并执行的新建房地产项目已经逐步完成了开发，因为房地产市场的整体预期发生了变化，房地产企业会在收缩阶段尽量回笼资金，避免商品滞留到市场的衰退期。此时，房地产企业一方面会停止新的项目开发计划，另一方面会加快推盘，采用各种方法让现房和期房的供给快速增长。

在存量房供给方面，因为房地产市场预期的巨变，投资和投机主体不断感受到资金压力，所以会开始逐步转让房地产商品，此时市场上挂牌出售的房地产商品会呈现快速增长。

4. 衰退阶段

衰退阶段如图 1-1 中 DE 段所示。在房地产市场的收缩阶段，市场情况开始不断恶化，行情不容乐观，房地产市场主体受到经济方面的压力和冲击，房地产市场全面进入衰退期。

从市场方面来看，虽然市场已处于衰退阶段，但房地产商品供给依然在增长，只是增长速度已经趋于平缓，而房地产商品交易价格持续下降，交易量也持续下降并最终到达一个相对稳定的状态。在此阶段，楼花和期房受到的影响巨大，部分房地产项目的价格甚至会跌至成本价，房地产空置率不断增加，最终达到 E 点，也就是空置率的最高点。

从需求方面看，衰退阶段的市场预期较为悲观，且这种悲观会随着时间而逐步加深，需求也会跟随市场行情而不断下降，原来准备进入房地产市场的刚需购房者也会转变为观望的态度，来观察未来市场的情况。

从供给方面看，市场中新房地产项目的开发计划会减少或停止，但受到时滞效应的影响，新开盘的房地产项目仍然在进入市场。此时，由于市场的悲观预期，会有大量投资和投机主体开始转让房地产商品。在金融业方面，会出现贷款合同违约的情况，银行为了回收资金，开始收回被抵押的房地产，并通过将其拍卖的方式回收资金，这导致拍卖房大量涌入市场，让原本激烈的市场竞争进一步加剧。

（三）房地产市场的投资周期

在市场经济条件下，房地产自然周期的很多外部因素都会受到资本流动的影响，而且这些影响是重大的。但是，如果没有这些资本流动，房地产市场也无法产生自然周期。在房地产市场中，交易往往是非常私密的，这使得许多投资者难以准确、及时地预测市场的走势。另外，房地产交易所涉及的资金量较大，且房地产商品的流动性也较差，从投资者的角度看，房地产市场中既有获取大量利润的机会，但也存在着被市场"套牢"的潜在风险。随着市场自然周期的运动，房地产市场中被投入的资金也将出现周期性变动，这种变动形成了房地产市场的投资周期。

房地产市场自然周期处于衰退阶段向着复苏阶段运动的这一过程中，市场中很少会有新进入的投资者，资金也很少会投向存量房地产，房地产企业也很少将资金投入到新项目的建设开发中。

当自然周期来到复苏阶段后，市场中将会有部分投资者回归或进入，他们会争取用低成本来购买存量房地产。当自然周期来到扩张阶段时，市场中的资金流量明显增加，尤其是扩张阶段的后期。

当扩张阶段达到顶峰，自然周期进入收缩阶段时，投资者会继续购买房地产商品，而房地产企业也在继续开发新的房地产项目，房地产市场的流动性依然很高，在此阶段中，当投资者意识到市场行情正在不断下降时，其投资的回报预期也随之降低，对房地产商品的出价也会降低，这导致房地产市场的商品与资金流动大幅降低，自然周期进入到衰退阶段。

投资周期与房地产市场的自然周期密不可分，它们之间存在着相互影响的关系。在房地产市场复苏和扩张的初期，投资周期会比自然周期更早出现，但在其他阶段，它们会比自然周期更早出现。如果投资者能够从房地产市场中获得令人满意的收益，他们就会有更多的资金来进行投资，而且他们的投资行动比其他行业的行动要早，从而使得房地产商品的价格出现了明显的下跌，随着时间的推移，它们的闲置率也将逐渐减少。如果整个市场中可进行投资的行业的收益率长期偏低时，也会有很多投资者将资金投入到房地产市场中，通过购买市场中的存量房和新开发的项目等，来追求较高的投资收益。尽管这种做法会导致房地产价格出现上涨，但随着时间的推移，房地产市场的空置率也会出现明显的增加。

第三节　房地产项目开发与运营管理流程

房地产开发与运营是一种复杂的经济活动，它涉及房地产的开发、建设、交易、管理、营销、投资、融资等多个环节，为社会经济发展提供了重要的支撑。可以将其看作是一项十分复杂的系统工程。虽然房地产开发与运营所涉及的环节和工作内容十分多，但这些工作并非杂乱无章的，而是有着一定的规律和顺序的。

房地产开发与运营的工作程序是遵循项目客观规律的，房地产项目的开发需要从设想、考察、评估、设计、决策到施工、竣工验收、市场营销和物业服务的整个开发经营过程进行，其整个过程是有着明确的先后顺序的，各项工作不能随意改变顺序，但可以将各项工作合理交叉进行。例如，市场营销可以在项目建设阶段就开始进行，而不必等到房地产项目完成后才开始。

一、房地产开发与运营程序的发展演变

（一）房地产开发与运营的原有程序及问题

房地产开发与运营的原有程序主要包括六项内容，具体如下：①建设施工；②分析投资决策；③包括组织销售团队、申领预售许可证、销售谈判、制定销售计划与策略、广告宣传等在内的销售程序；④获取土地使用权；⑤包括筹措资金、项目招投标和规划设计等在内的前期准备程序；⑥物业管理。

房地产开发与运营的原有程序存在一系列的问题，主要包括：①对落实城市国家政策和集约利用土地不利；②将开发房地产的周期大大延长，让开发投资的危险不断增加；③征地拆迁方式与国家法律的相关规定不相符；④直接把划拨土地归纳到房地产开发市场，土地规划的权限被打破；⑤容易导致国有资产流失，无法将公平竞争与选择凸显出来。

（二）房地产开发与运营的新程序及特征

新的房地产开发流程将包括两个部分：土地储备和二级开发。土地储备的过程包括三个主要步骤：筹备、执行、交付和管理；在房地产二级开发中，通常会涉及四个不同的步骤：项目规划、投资决策、运营和物业管理、前期准备。

房地产开发运营新程序主要有以下特征：①拥有更加简练的程序，对监管更加有利；②土地开发市场与土地供应市场相分离；③土地供应的透明性增强；④实现了开发与经营风险的分割；⑤有效降低了房地产开发运营总投资。

二、土地储备开发

（一）土地储备开发的内涵

土地储备开发是指以土地利用总体规划、土地利用年度计划、国民经济发展计划和城市总体规划作为指导，政府统一明确土地的用途与规划设计指标，按照相应的计划将公用配套设施建设、平整土地、征收土地、房屋征收安置和市政基础设施建设等工作委托给土地储备开发实施主体全权负责，其要在规定时间内按照既定的开发标准开发土地，再由政府统一对土地开发行为进行组织验收，在储存中收纳经过合格验收的已开发土地作为今后的备用土地。

1. 土地储备开发的主体、目标、依据与内容

（1）国土资源管理部门是土地储备开发的主要推动力，负责监督和管理土地资源。土地储备的运作由具有法人资格、直属国家有关部门的事业单位

来负责，这些单位负责管理和运营土地资源。

（2）土地储备的目标既有宏观的愿景，也有具体的行动。

（3）土地储备是根据国家经济发展规划、土地利用总体规划、年度规划以及城市发展规划来进行相关工作。

（4）政府负责统筹安排土地使用，制定合理的规划和设计，并组织有效的征收（收购）、土地整理、城市基础设施建设、公共服务设施建设以及住宅拆迁安置等活动。

2. 土地储备开发的工作原则

第一，以政府为主导的原理。政府负有决定性的权力，特别是在"公共设施"中规定的城市基础设施的建设方面，应当承担起责任，并加以控制和指导。

第二，计划优先的原则。为了确保土地的有效利用，土地储备机构应该积极与规划部门沟通，并与他们进行协商。土地一级开发之前，包括土地用途、容积率、地下的市政管线布局等需要预先确认，对于一些重要设施不可随意变动，若必须要调整，要找有关部门按正规流程批准。

第三，计划调节与市场调节相结合原则。对一级开发的土地要用计划手段规定，对土地储备开发主体，则要以市场化的方式公开确定。

第四，采用多样化的资金投入策略。为了更好地实现土地收购、征收、安置补偿和市政建设的目标，必须采取多种资金渠道，而不是仅仅依靠单一的渠道。为此，可以采取更加灵活的方式，例如鼓励社会资本参与到土地储备开发中去。

第五，收益共享原则。按投资比例分享土地开发收益的原则，处理好政府与其他投资主体之间的关系，构建公平合理的土地收益分配模式。

（二）土地储备开发的基本程序

1. 准备工作阶段

政府应当认真制定土地储备开发计划，并严格审查其实施方案，确定具体的实施主体，以确保项目的顺利实施。社会企业需要做好前期的投资分析，做好准备并参加竞标。

2. 行政审批阶段

在行政审批阶段，主要任务是提交项目申请，进行建设用地预审，进行投资核准，进行环境影响评估，制定市政配套和管线综合规划设计方案，办理规划意见书，并对项目进行立项核准，最终完成征地拆迁批准。

在收回国有土地之前，必须经过国家相关部门的审核和批准；在涉及集体土地时，所有参与土地储备开发的主体都必须完成征地手续；对于涉及农用土地的情况，必须经过严格的审批程序才能进行转让；在房屋征收过程中，实施主体需要完成一系列的审批程序，包括但不限于拆迁补偿、安置以及其他必要的工作。

3. 项目实施与交付阶段

在这个阶段，我们必须按照一定的步骤来完成工作，包括土地征收、房屋征收、城市基础设施建设、居民安置、储备项目的审核和投放。

三、房地产二级开发程序

相比于政府拥有完全控制权的房地产一级市场，房地产二级市场则是由土地使用者（通常为房地产企业）通过开发和建设，将新建的房地产商品出售或出租的一个更加灵活的交易平台。通常，商品房的第一次流通会导致市场的形成。在房地产二级市场中，土地二级市场被广泛认为是一个重要的交易平台，它允许土地所有权人和投资者在这个平台上进行交换和投资。

（一）投资决策阶段

1. 投资机会选择

投资机会选择分为机会寻找和机会筛选两个步骤。房地产企业在寻找投资机会时，首先会对地区或城市进行选择，确定了大致的区域或具体的城市后，房地产企业会根据对该地区的土地情况、房地产市场行情与供求关系进行分析，并从中寻找投资的机会，这一过程也被房地产业称为"看地"。在看地的过程中，房地产企业可能会发现很多投资机会，但这些投资机会的回报如何，存在哪些风险都需要进一步判断，也就是投资机会筛选。

当面临投资机遇时，房地产公司将仔细研究每一个地块，评估它的潜力，确保它符合所有必要的条件。然后，他们将制定一个初步的项目计划，希望通过这个计划获得预期的收益，同时确保它的风险得到有效控制。最终，他们将与有关部门签订购买土地使用权或与之合作的协议。

投资机会选择是房地产开发运营过程的第一步，也是最为重要的环节之一，投资机会选择决定了房地产项目的成功与否。

2. 投资决策分析

所谓投资决策分析，是房地产企业对拟建的房地产项目进行可行性和必要性的技术经济分析，对项目可行性的不同方案进行评价和对比，最终做出决策，选择其中最优的方案的过程。

（二）前期工作阶段

在房地产项目开始之前，前期工作至关重要，包括获取土地使用权、进行专业评估并获得项目核准、提交规划设计申请、选择合作伙伴等。这些步骤都是为了确保项目顺利实施。前期工作阶段中所涉及的环节较多，涉及的相关政府部门也较多，各类手续的报批和相关许可证的获取是一项较为烦琐的工作。

1. 土地使用权获取

房地产企业可以通过出让、划拨、转让的方式获得土地使用权。

（1）以出让方式获得土地使用权

出让土地使用权意味着政府授予土地使用权，并且这些使用权必须经过一段时间才能生效。出让金是由政府支付的。土地出售的形式千变万化，从招标、竞价、拍卖到协商，无所不包。土地使用权的年限可能会因不同的领域而不同，比如说，住宅区可能会持续 70 年，而教育、科技、卫生、文化、体育和工业区可能会持续 50 年，而商业、旅游和娱乐区可能会持续 40 年。[①]

（2）以划拨方式获得土地使用权

"土地使用权划拨"是一种非营利性的行为，即通过向土地所有人支付补偿和安置费用，然后按照法律规定向其他人出售土地。通过合理的程序和审核，政府可以免费向土地使用者出售其所拥有的土地，从而实现公平、公正的分配。使用者在获得划拨的土地使用权后，要依法按时缴纳土地使用税。

除法律、法规另有规定外的土地使用权不受任何时间的限制，无论是采

---

① 李艳波：《法律自助 100 招》，广西人民出版社，2012，第 10 页。

取划拨还是其他形式，都能够持续使用。当一个人的居住、企业的关闭、破产、被取消或其他原因导致该人不再使用土地时，政府将会免费收回这块土地的使用权，并且根据相关规定，允许该人出售这块土地。

（3）以转让方式获得土地使用权

"让转"意味着一个人或组织把一块土地的所有权从自己手中转移到另一个人手中，这种做法通常涉及对土地的使用和管理。土地所有者被指定为转让者，而被指定为接受者的一方则被视为被授予了该项目的所有权。土地使用权的转移可以通过多种途径实现，包括出售、交换和赠予。土地使用权出让合同中规定的使用期限将被用于抵消转让人的使用期限，从而确保双方的权益得到有效保障。[①]

若未经批准，任何形式的土地使用权都无法获得，也就无法实现其转让。如果转让的土地使用权价格明显低于市场价格，政府有权限制购买权。如果转让的土地使用权价格明显高于市场价格，政府可以采取必要措施干预。

2. 专业评价与项目核准

获得土地使用权之后，土地使用者必须遵守国家有关法律法规，撰写详尽的项目申请报告，并将其提交给计划管理部门，以便正式批准。为了确保项目的可行性，必须经过多方面的专业审查和评估。

（1）节能评价

根据国家发改委发布的《固定资产投资项目节能评估和审查暂行办法》，新建房地产项目必须经过严格的节能评估和审查程序，以确保其节能效果。通过第三方机构的全面评估，以及遵循相关的节能标准和法规，我们可以更加科学、合理地审查新建房地产项目的能源使用情况。当地政府有关部门负

---

① 天火同人房地产研究中心：《房地产开发流程管理工具箱：项目土地获取》，化学工业出版社，2015，第4页。

责审核和登记项目的节能评估文件，以确保其符合国家规定的标准。[①]

房地产企业要委托有关机构进行节能评价，形成评审意见，将评审意见作为节能评价的重要依据。

（2）环境影响评价

开发房地产项目会对自然环境和生态环境造成严重的破坏，因此，必须进行全面的环境影响评估，以预测和评估可能产生的不良影响，并制定有效措施，以确保项目的可持续发展。其中包括：①房地产项目的具体情况；②房地产项目周边的环境情况；③分析、评估和预测房地产项目对周围环境可能产生的影响；④从经济、技术等层面论证房地产项目的环保措施；⑤房地产项目对周边环境影响所造成的经济损失评估；⑥环境影响评价的最终结论；⑦对房地产项目开展环境监测的建议和意见。

（3）交通影响评价

由于房地产项目对周围环境的影响是全方位的，其中也包括了交通环境，所以在城市中新建房地产项目要进行交通影响评价，确保房地产项目不会给周边交通造成太大的压力。评估交通对房地产项目的影响，主要包括：①对周围交通状况进行分析；②预计未来房地产项目的交通流量将会有所增加；③交通影响评估的评估；④建议采取措施来改善交通设施；⑤评估的最后结论。

如果房地产项目已经在土地储备开发阶段已经进行了环境和交通影响评价，那么房地产二级开发环节是否还需要再次进行相关评价，需要根据当地政策和土地储备开发阶段的相关评定结论来确定。

---

① 程晖：《国家发展改革委出台〈固定资产投资项目节能评估和审查暂行办法〉新上项目须进行节能评估审查》，《中国经济导报》，2010 年 9 月 25 日，第 3 版。

3. 规划设计报批

规划设计报批是指在取得规划建设用地许可证后，根据土地出让合同中附件的规划条件，编制规划设计方案，向规划主管部门申请规划设计方案审批，批准后办理建设工程规划许可证。

在取得建设工程规划许可证后，还需要选择施工方和监理方等合作单位，之后可向建设主管部门申请建设工程施工许可证。

4. 合作单位选择

选择合适的监理方、设备供应商、施工方和材料供应商被称为合作单位的选择。

（三）项目建设管理阶段

1. 建设施工阶段

建设施工就是将房地产项目所需的原材料集中在一个空间和时间上，进行施工建设的过程。可以简单理解为将原材料同时运输到建设项目，再由工人进行施工建设。当前，房地产公司的任务是确保项目的顺利完成，并对项目的质量和成本进行有效的监督。这些任务还包括对合同和信息的有效管理，以及对所有相关部门的有效沟通，以实现"三控两管一协调"的目标。

2. 竣工验收阶段

（1）自验阶段（预验收）：由房地产开发企业自己组织的检查。

（2）初步验收阶段：由房地产开发企业和设计单位、施工单位协同进行检查和验收。

（3）正式全部验收阶段：有政府组织相关质检单位对项目质量进行验收，此过程会对项目工程质量进行全面检查，还会对项目的一些遗留问题进行处理或提出意见。

（四）营销与物业服务阶段

1. *房地产营销*

营销环节是房地产经营的一个重要环节，是指房地产商品进入市场中，企业为了销售商品而进行的营销策划、价格定位和推广产品等一系列活动。除了直接销售商品外，房地产企业还可能将商品出租或自营。

2. *物业服务*

物业服务可以看作是房地产运营的延续，主要物业服务企业对房地产项目中的房屋和附属设施进行维修、养护、管理，并为业主（租户）提供有关服务。这一过程也不断在为业主（租户）创造价值。

在房地产市场的发展过程中，物业服务的质量和数量仍然是不可或缺的，因此，《物业管理条例》第 21 条规定，在业主、业主大会选择物业服务企业之前，建设单位应当签订书面的前期物业服务合同，以确保物业服务的质量和数量。

影响业主能否正常使用物业还有一个因素——前后物业服务的衔接问题。前后物业公司服务衔接不及时或是前期物业公司合同还没到期时便重新与其他物业公司签署合同，这都将会损害业主的利益。因此，《物业管理条例》第 26 条明确规定："在物业服务合同中，可以约定服务期限，以有效地解决此类问题；然而，如果期限已经到来，并且前期物业服务合同终止已经生效，那么业主委员会和物业服务公司之间的协议就无效了。"[1]

---

[1] 广州市物业管理行业协会：《新编物业管理教程》，吉林人民出版社，2008，第 5 页。

第二章　房地产项目开发的前期工作

第一节　房地产项目市场调查与预测

一、房地产市场调查

为了推动房地产企业经营目标的高效实现，房地产企业以科学的方法和理论作为指导，充分发挥现代化调查手段的作用，按照一定的目标和计划，利用多样化的途径全面系统地收集、分析和整理与房地产市场相关的资料信息，准确地判断和把握房地产市场的发展情况和未来的发展动向，并作为可靠、科学的依据让房地产企业制定发展经营计划、战略、决策和进行市场预估，这便是大家所说的房地产市场调查。

市场调查是房地产营销活动中不可或缺的一环，它能够帮助企业更好地了解消费者的需求和偏好，从而制定出更加有效的营销策略，使企业在激烈的市场竞争中脱颖而出。[①]

---

① 崔淇:《对房地产市场调查质量控制的探讨》,《经济视野》2014 年第 13 期。

（一）房地产市场调查的常见类型

当房地产公司开展市场调查时，他们会根据其特定的目的，采取多种方式，包括探索性调查、描述性调查、分析因果关系以及预测性调查等。

第一，探索性调查。房地产企业在对市场情况不明或所面对的问题不知如何着手解决时，为了能够尽快掌握市场情况或理清所面临的问题时会采取探索性调查。通过进行探索性调查，企业可以收集和分析有关信息，从而更好地了解当前市场的实际情况，并分析出企业面临问题的本质与关键。之后再针对调查结果进行详细剖析，为接下来的调查活动提供材料并做好相应准备。

第二，描述性调查。描述性调查是一种较为严密的调查方法，也是房地差市场调查中使用最多的一种，是对已经找出的问题做出具体回答和如实反映的一种调查方法。与其他调查方法相比，描述性调查所研究的问题更具体，目标更加明确。

第三，追究责任。通过因果关系调查，可以更深入地了解市场中各种事件的发展趋势，从而更好地探究它们之间的联系，并且可以更准确地识别出它们之间的因果关系。通过因果关系调查，能够确定是什么原因导致了当前结果的出现。

第四，预测性调查。所谓预测性调查，重点在于预测，是尽量收集目前市场上的资料后，使用定性和定量分析法，分析、预测未来一定时间内的市场状况，如市场需求状况和发展趋势如何。得到预测结果后，企业再分析其中的市场机遇，并做出应对未来变化的决策。预测性调查是房地产企业评估未来市场需求所常用方法，也是制定营销方案的基础。

（二）房地产市场调查的主要内容

房地产市场调查是一种系统性的行为，它以房地产为研究对象，收集、整理、记录和分析相关信息，并对市场进行预测。调查内容主要围绕着市场环境、市场需求、市场供给、消费者购买能力与行为、竞争调查等。

第一，市场环境调查。市场环境调查一般会先对目标地区的经济环境进行调查，即宏观环境调查；之后会对目标区域的项目数量、价格、当地市场需求等进行调查，即微观市场调查。

第二，市场需求调查。有需求才有供给，需求建立在消费者的显性或潜在欲望上，房地产市场同样如此。需求调查要对目标区域的人口数量、人口和家庭结构、消费水平和购房需求等进行调查，并对调查结果进行分析，来确定目标区域的市场需求。

第三，市场供给调查。首先调查目标区域的土地供应和近期发展规划，之后对当地市场中的房地产商品存量的情况以及商品增量供应的情况进行调查。调查完目标区域的市场供应情况后，再对当地房地产项目的信息进行分析，如项目的位置、类型和价格等。

第四，消费者购买能力与行为调查。房地产商品既是消费者生活中的必需品，又有总体价值高的属性，所以房地产企业有必要对目标区域的消费者购买能力与行为进行调查评估，以此来确定自己的行为策略。此调查主要内容为目标区域消费者的购买能力、购买欲望、身份和经济能力等。

第五，市场竞争调查。经过多年的发展，目标的房地产市场早已属于"红海"市场，所以房地产企业对市场竞争调查十分必要，确定目标区域的竞争情况后再决策是否入场。其调查与分析对象主要是竞争企业和竞争产品，对竞争企业的分析是对竞争企业的基本情况、经济实力、体制架构和经营现状进行分析；对竞争商品的分析是对项目的地理位置、楼盘设计、建筑材料、周边配套设施、物业服务情况、楼盘价格和营销策略等进行分析。总体来说，市场竞争调查最主要的是要认识到三点，第一是竞争企业的资源和能力，第二是竞争企业的商品和定价，第三是竞争企业未来的发展规划的方法。

第六，市场行情调查。市场行情能够最直接地反映出目标区域的真实情况，此调查包括目标区域土地价格、项目售价、房屋征收安置的成本、项目建造成本等。

（三）房地产市场调查的基本原则

市场调查工作繁杂且重要，决定着企业未来决策的正确与否，所以进行市场调查要足够细致且遵循原则。

第一，科学性。合理且细致的调查能够提升市场调查的科学性，能减少调查所得结论与实际情况的偏差，对了解真实市场情况大有益处。市场调查的科学性体现在目标明确和重点突出上，调查结果是系统、全面且能够准确反映事物本来面目的。

第二，全面性。如果市场调查缺乏客观性，那么必须遵循全面性原则，以便全面系统地收集和整理有关市场经济的信息资料，以便更好地了解市场状况。诸如经济因素、政治因素、人为因素和社会因素都会对市场环境产生一定影响，市场环境甚至会受到国际大气候或其他国际因素的影响。房地产开发与城市社会的发展、经济发展密切相关，要想市场调查更加全面和完整，不仅要对整个房地产市场的空置率、开发量、总体价格水平和需求量进行市场调查，也要从自然环境、区域环境和社会政治经济环境等宏观层面的背景信息进行市场调查，另外，还要调查竞争楼盘、竞争对手的发展概况以及消费者的消费需求，等等。

第三，时效性。要想将最真实、最新的市场情况充分体现出来，必须以最新的调查资料作为基础，这些资料也作为重要的客观依据为企业科学制定市场经营战略提供重要的支撑。所以，最新的调查资料才是一份好的资料。为了保证高效快速完成市场调研工作，房地产企业在规定的时间内收集的资料和信息越多越好。所以，市场调研工作的开展要与房地产形势的变化和发展保持一致，及时反馈信息，让各方面的信息需求得到满足。

第四，准确性。调查资料必须将实际情况客观、准确、真实地呈现出来。准确的预测为客观决策提供一定依据和支撑，而市场调查材料的真实性是形成准确预测的重要基础。要想准确掌握市场的发展现状和未来发展趋势，以制定出科学的战略，必须以准确和真实的市场调研资料作为依据，进而进行客观分析。

（四）房地产市场调查的程序

与房地产项目开发一样，房地产市场调查工作也必须遵循相应的顺序开展，即从调查准备阶段一直到调查结束，相关步骤和环节必须依次开展。有计划、步骤明确才能做好房地产市场调查工作，具体程序分为准备、调查、分析研究和整理归档阶段。

1. 调查准备阶段

很多复杂的工作都需要提前进行周密的准备，房地产市场调查若是没有准备完善，会对调查质量和结果产生影响。调查准备阶段具体工作如下。

（1）明确调查目标

在调查开始前的准备阶段，首先要做的就是明确本次调查的目标，并明确调查的问题和范围。帮助企业解决好当前急需妥善解决的问题或者为企业制定重大经营决策和战略提供重要依据和支撑，再或者与企业的实际相结合，都是制定调查目标的重要基础。明确调查目标，调查工作才有方向，工作中也能做到有的放矢，避免偏离目标。所以，起草调查提案时，调查人员要非常明确自己的角色和工作，要明晰调查目标和调查目的。

（2）拟定调查计划书

在确定调查目标，第二步要做的就是在研究和分析调查课题的基础上拟定调查计划书，具体工作内容为制定调查方案和相应的工作计划。调查计划书时整个调查工作的纲领，所以在拟定时要确保翔实周密，这样才能让整个调查工作有序且高效。

（3）明确资料来源

房地产市场调查所需的资料主要分为原始资料和二手资料。其中，通过开展实地调查之后获得的资料称作原始资料，获取原始资料需要投入较长的时间成本和一定的资金成本；二手资料则是企业内部资料或经过出版的外部资料，相比原始资料，二手资料的获取成本更低，获取难度也较小。在进行实际调查工作的时候，要以原始资料为调查研究的基础，并安排人员尽可能多地收集调查目标的二手资料，作为辅助材料。另外，调查中要确保资料的准确性和实效性，过时或不实的消息往往会误导调查结果。

（4）确定收集资料的方法

观察法、实验法和访问法是收集原始资料的重要方法。原始资料的收集时，一定会涉及设计调查样本和采集样本的工作。抽样调查法是房地产市场调查中使用较多的调查方法，以此获得原始资料。

（5）设计调查问卷

调查问卷是目前最为常用的调查工具之一，设计调查问卷时要注重科学性与合理性，还要让调查问卷方便回答，并在回收问卷后能方便记录。总体来说，调查问卷要突出主题、问题具体、设计严谨、编号明确、易于读懂、方便作答和易于回收整理。

2. 正式调查阶段

正式调查阶段一般分为两个阶段，即试调查和正式调查。试调查可以用来检验调查问卷是否存在某些方面的缺陷，如果在试调查中发现问卷存在某方面的问题，可以及时对问卷进行调整。另外试调查可以让参与调查的工作人员熟悉本次调查的实践过程，增长相应的经验，以确保正式调查的顺利开展。经过试调查检验过调查问卷后，就可以开始正式调查工作了，这也是市场调查最为重要的工作内容。

3. 分析研究阶段

经过调查阶段后，接下来要将收集到的市场资料进行统计和分析，这一过程就是市场调查的分析研究阶段。在此阶段，工作人员首先要辨别资料的真实性，同时筛选出无效的资料，避免这些不真实、不可靠的资料进入分析环节影响分析的结果。要保证所统计资料的真实性、完整性和系统性，这样才能反映出市场的真实情况。

（1）整理分析资料

通过市场调查所收集和回收的资料是很难保证其真实性和有效性的，所以在分析阶段中要对所收集资料积极性筛选和鉴别，判断所收集资料是否存在问题，要保证能够进入下一环节的资料是严谨的、完整的和可靠的。

接下来对经过筛选的资料进行统计，将资料中的内容和数据进行系统性归纳，最终用统计图、表或其他便于分析的方式展现出来。之后进入资料的分析阶段，对统计出的数据进行论证，检验其是否符合现实逻辑，如果检验结果不存在问题，即可得出相应的结论。

（2）编写调查报告

通过对房地产市场的全面深入的调研，房地产企业可以把获取的信息汇总起来，并以此为基础撰写出详尽的调研报告，以此来完善其做的研究。调查报告的内容要做到准确且内容翔实，主要内容应该有：①本次市场调查的目的；②调查时间；③调查方法和步骤；④调查中收集的相关材料与分析报告；⑤调查所得结论；⑥对未来决策的相关建议；⑦调查中所统计的数据、资料与相关附录。

4. 整理归档阶段

市场调查结果来之不易，在调查工作全部结束后，应当将本次调查中所得的资料、数据、结果和调查报告等进行归档，这能为以后的工作提供相关依据，也能补充和完善企业对目标区域市场的资料。

（五）房地产市场调查的方法

市场环境是多变的，而房地产企业所处的环境也各不相同，房地产企业也可以根据市场情况和自身所处环境，选择适合当前情况的市场调查方法，可选择的常用调查方法有三种，为访问法、观察法和实验法。

1. 访问法

访问法是市场调查的基础方法，能够直接有效地获得第一手资料。此方法为调查人员当面询问调查对象，或调查人员将设计好的调查问卷发放给调查对象，让调查对象填写相关内容并在之后回收问卷的一种方法。除了当面访问外，调查人员还可以通过电话访问、邮寄访问、留置问卷和网络访问等方法进行调查。

（1）人员访问

人员访问是最直接的访问方法，调查人员与调查对象直接面对面沟通获取所需信息有着很多优势，所获取的资料回收率最高、回收速度最快，而且调查结果的准确度高。但由于人员访问法需要调查人员直接与调查对象沟通，时间与交通上的成本较高，而且调查人员需要掌握引导调查对象真实表达的技巧，不然调查结果会受调查对象主观影响。

（2）电话访问

电话访问也是最为常用的访问法之一，调查人员只需要通过电话即可与调查对象进行沟通，可以节约时间成本，而且电话访问不受地区限制，获取调查资料的速度快，但访问时被调查对象的合作态度不受控，而且通话时间过长可能会引起调查对象的反感，所以电话访问时多采取两项选择法收集资料，资料获取的深度受限。

（3）邮寄访问

邮寄访问是将调查问卷通过邮寄的方法邮寄给调查对象，请调查对象按照说明回答问卷，之后将问卷寄回。除了邮寄调查问卷外，也可以将问卷刊登在报刊或者杂志上，让感兴趣的调查对象填写并寄回，但由于报刊、杂志的版面有限，所以收集的资料也会受限。通过邮寄调查可以节省人力成本，不需要大量的调查人员，且调查范围广泛，调查的总体成本较低。但是邮寄访问的资料回收率较低，资料回收的时间也较长，且资料的准确性和可靠性也可能存在问题，需要调查人员在整理资料时进行鉴别。

（4）留置问卷访问

留置问卷与人员访问法类似，需要调查人员对调查对象当面说明问卷填写要求，并将问卷交予调查对象填写，在一段时间后由调查人员回收并对资料进行统计。将调查问卷留置在调查对象处，可以避免人员访问时问答时间仓促、调查对象被调查人员引导回答等问题，还能避免邮寄访问资料回收率低、资料可靠性低的问题。但是留置问卷的方法与人员访问一样，受到了区域性的限制，而且在调查成本上也较高，回收资料用时也较长。

（5）网络访问

移动互联网的高速发展给市场调查带来了巨大的变化，也让网络访问成为当今最好用也是最常用的调查方法。调查人员可以依托移动终端与调查对象建立沟通，在移动终端上向调查对象发放问卷，调查对象在移动终端上填写完毕后，只要选择提交即可完成资料回收。通过互联网进行访问，节省了印刷问卷的成本，还节省了发放、填写和回收问卷的时间，调查对象的匿名性好，在回答一些问题时可以更加客观公正。但互联网访问因调查对象的匿名性，也存在着资料可靠性低和回收率低的问题。

2. 观察法

与访问法不同的是，使用观察法进行市场调查时，调查人员一般情况下不会与调查对象直接接触，而是通过亲自观察或通过观看摄像、录像的方式进行观察。通过观察记录调查对象的言行，是一种非介入式的调查方法，调查对象不会被打扰，展现的也是自然真实的一面，可以让调查人员收集到可靠性较高的资料。调查人员在使用观察法进行市场调查时，可根据调查目的、调查对象、自身情况的不同而采用不同的观察法。

（1）直接观察法

直接观察法需要调查人员到达目标现场，通过亲自参与的方式来直接观察调查对象。在观察的过程中，调查人员要避免暴露自己的真实意图，融入观察对象的群体中，除了可以近距离观察调查对象、在旁倾听调查对象发表的意见外，还可以亲自体验调查对象所处的环境与置身其中的感受。以此方法收集到的资料可靠性高，但需要付出的人员和时间成本较高，且收集到的资料可能存在主观性较强的问题。

（2）亲身经历法

亲身经历法与直接观察法类似，也需要调查人员到目标现场，以购房者的身份参与到市场交易的环境中，以此来收集相关信息与市场情况。通过此方法收集到的资料真实性较高，但也会受到调查人员主观方面的影响。另外，亲身经历法与直接观察法类似，这两种调查方法可以同时进行。

（3）行为记录法

由于直接观察和亲身经历法都需要调查人员亲自到目标现场，有一定的区域限制，且人员、交通和时间方面的成本较高，所以行为记录法也是观察市场的好选择。可以通过摄像头、摄像机来记录调查对象的行为，事后再由调查人员观察录制的视频，分析调查对象行为背后的市场情况。此方法可以降低调查人员的工作负担，也能够节省一定的调查成本，但资料来源是录制的视频，所以资料来源可能存在较为片面的情况，不能全面反映市场情况。

3. 实验法

实验法是一种类似于情景模拟的调查方法，实验法需要选择一个特定地点作为实验场所，将调查范围缩小至一个较小的规模，模拟房地产商品销售环境。在模拟场景搭建完毕后，调查人员即可开始收集资料、分析数据并获得实验结果。实验法所得出的结果较为准确，但使用时间较长、成本较高，且实施难度大。

（六）房地产市场调查报告

1. 房地产市场调查报告基本要求

通过对房地产市场的深入研究而得出的调查报告，不仅会为房地产企业提供宝贵的参考，还会为其提供重要的决策依据。如果一份调查报告没有按照实事求是、重点突出和结论明确的原则书写，那么即使之前调查工作做得再怎么好，这份调查报告也是没有参考价值的，也不能作为企业未来决策的依据。

（1）实事求是

编写调查报告最基本的原则就是实事求是。一份调查报告应该是科学的，能够准确而全面总结和反应调查结果的，这要求调查人员在编写报告时要保证真实性，要求结论建立在市场的客观事实上，引用的数据要准确、事例要确凿，不能为了出于某些目的而"粉饰"报告内容，这样会让调查报告失真，从而失去参考价值。

另外，在实事求是的原则上，调查报告还应具有客观性，比如报告中应指出本次市场调查是否存在局限性和某些潜在问题，这些问题可能会对调查结果产生哪些影响。客观说明这些问题会让调查报告更全面，也能帮助企业规避一些潜在风险。

（2）重点突出

一份好的调查报告应该是重点突出的，能够让阅读人员快速抓住本次调查重点的。所以编写调查报告需要紧扣主题、条理清晰、重点突出，另外，编写调查报告的语言文字要准确精练，避免报告中出现口语化的文字内容。

（3）结论明确

进行房地产市场调查的目的就是为了得出明确的结论，从而为企业未来决策提供可靠的依据。所以调查报告中要有明确的结论，且必须详尽、属实地将所得结论的过程写明。结论模棱两可、不明确是调查报告的大忌，切莫让阅读者看完报告后去"猜测"结论。

2. 房地产市场调查报告内容与结构

一般情况下，一份市场调查报告中所涉及的内容较多，篇幅较大、页数较多，看起来就像一本书，所以在编写调查报告时内容和结构安排要合理。房地产市场调查报告一般由封面、摘要、目录、正文、建议与局限、附录等内容组成；内容包括了调查目的、调查时间、调查地点、调查单位、调查方式、调查过程与结论等内容。

（1）封面

调查报告的封面设计要简洁美观，标题要明确好记。封面上要有项目名称，调查单位地址、联系方式、报告日期等。

（2）摘要

摘要部分是调查报告基本内容的概括，内容方面要做到清楚、简洁和高度概括，应简单说明调查目的、方法、发现等内容，语言要精练并通俗易懂。

（3）目录

目录要包含调查活动的各项内容与对应页码，目录分类一般只到三级标题，目录篇幅尽量不超过一页。

（4）正文

正文部分是调查报告的核心，要将调查目的、时间、地点、方法、过程和结论等进行说明。正文部分要准确地证明相关论据，包括问题的提出到引出结论和论证的全部过程。主要内容包括区域环境调查、微观环境调查、项目微观环境调查、竞争企业调查、消费者调查等。正文中还应该有全部调查结果、市场信息和对这些内容的分析评论。

（5）建议与局限

调查报告中除了有相应的调查结果，还要有供企业决策者参考的相关建议，这样调查报告才更具有价值。另外，为了体现出客观性，调查报告中还应说明调查可能存在的局限或某些问题，并说明调查局限可能对调查结果产生的影响。

（6）附件

附件部分一般收录了调查中所收集的原始资料，即因篇幅或其他问题没有在正文中展示，但又与正文内容有关的资料。其中可以包含原始资料、数据汇总和必要的技术报告等。

二、房地产市场预测

房地产市场预测是继市场调查后的一项房地产项目开发前期工作。房地产市场预测这项工作本身是为市场决策服务的，是一项系统性的工作。市场预测需要根据市场调查所得出的结论，对目标市场的未来发展趋势进行预测。市场预测是指导房地产企业未来决策的重要手段，能够减少企业因为不明未来市场的发展情况，而采取盲目行动的风险。

（一）房地产市场预测的类型

根据房地产市场预测时间长短，可以大致划分为三个阶段：短期、中期和长期；根据其所涉及的客体类型，可以将其划分为宏观、微观两个层面；而根据其性质划分，则有定性和定量两种。

1. 短期预测、中期预测与长期预测

短期预测所进行预测的时长通常在 1 年以内，是房地产企业年度内制定决策和工作计划的重要依据之一。一般情况下，短期预测面临的不确定因素较少，所需预测的目标较为明确，预测性强。鉴于房地产开发工作的周期长，通过进行短期预测，房地产公司可以更好地制定年度、季度和月度的工作计划，并且能够更有效地进行日常的市场营销活动。

中期预测通常是房地产企业对未来 1 ～ 5 年内市场发展趋势的预测，通常服务于制定企业未来的发展规划。对比短期预测，中期预测需要预测的时间较长，所面临的不确定因素增多，所以进行预测时需要考虑的因素也较多，

但在资料充足的情况下，运用科学方法进行中期预测，能保证对未来市场预测的能见度较高。

长期预测的时间通常在 5 年以上，其准确性和可靠性对于房地产公司来说至关重要，因为其可以帮助企业确立长远发展目标。长期预测决定着企业的远景规划，会影响新项目开发、房地产商品定价、企业组织架构调整等诸多方面，但长期预测市场未来走向有着较大的难度，一是需要预测的时间较长，二是能够影响未来市场变化的因素较多，所以很难做到精准预测，所预测结果多是粗略的和模糊的。企业依据长期预测所制定的发展战略一般也会留有调整余地，避免企业发展道路脱离真实的市场变化。

2. 宏观市场预测和微观市场预测

从整个市场的角度进行市场预测称为宏观市场预测，涉及房地产市场的供需变化和与之相关的各种因素。因为宏观预测涉及的范围广泛，所以对预测人员的要求较高，需要预测人员具备长远的企业战略规划能力，能够较为全面地预测未来市场走向，对环境、政策、法规对房地产市场所能产生的影响有敏锐的洞察力，掌握市场供需状况。

房地产企业自身营销活动范围内的市场预测称为微观市场预测，微观市场预测不涉及整体市场，主要为产品结构、市场份额、营销策略等内容。微观市场预测是房地产企业项目开发、经营决策、制定具体计划的重要依据。

3. 定性预测和定量预测

定性预测也称为判断预测，是一种预测人员根据已掌握资料、经验进行的逻辑推理和主观判断，并以此来预测房地产市场未来发展趋势的预测方法。

定量预测也称为统计预测，是预测人员根据已掌握的历史资料和市场统计数据，使用统计方法和数学模型对未来一定时间内的市场规模、供需数量等进行预测的方法。定量预测和统计资料、统计方法联系紧密，主要包括时间序列预测和因果关系预测。时间序列预测是根据预测对象随时间的变化规律而建立模型；因果关系预测则是根据预测对象及其影响因素之间的因果关系而建立模型。

（二）房地产市场预测的内容

房地产市场预测的内容可谓包罗万象，不仅包括对房地产市场供需关系和未来发展趋势的预测，还包括了与房地产市场相关的各方面内容，如社会、经济、自然环境、政策、法规等一切可能影响房地产市场未来变化的因素与影响程度的预测。

1. 国民经济发展趋势预测

近几十年来，房地产业一直是中国经济的重要组成部分，在推动国民经济发展方面起到了不可替代的作用。为此，政府采取了多项措施来管理和监管房地产市场，特别是近年来，这些措施的实施，给房地产市场带来了积极的影响。除了政策因素外，国民经济发展趋势预测还涉及了国家总体经济状况、国民收入状况、物价变化、市场消费结构和股市走向等。

为了能够预测市场的未来发展趋势，房地产企业应在政策变化和其他影响市场走向因素的基础上，对未来一定时期内目标区域的市场需求变化进行预测，观察所预测的需求变化是呈上升趋势，还是下降趋势，是平稳升降还是波动升降，以此为基础来决定企业下一步的行动。比如，是否要投资进入目标市场，还是暂时持观望态度。

2. 房地产市场需求预测

随着时代的进步，我国国民生活水平逐渐提高，人们富裕了，消费心理也随着自身资产的变化而提高了，对办公与居住的房地产商品有了新的追求，需求与审美也发生了较大的变化。对于房地产企业来说，在进行房地产市场需求预测时，不仅要对未来市场的发展变化进行预测，也要考虑人们对房地产商品在细节上的需求变化。

3. **房地产市场容量预测**

预测市场容量，就是房地产企业需要预测未来市场上的需求量、竞争企业供给量与营销量，以此来确定企业未来新项目的开发量。

4. **房地产产品生命周期预测**

"产品的生命周期"是指产品从准备进入市场开始到被淘汰退出市场为止的全部运动过程，是由需求与技术的生产周期所决定。这个过程通常会在一个特定的时间点结束，并在下一个时刻继续存在。应该强调的是，并非所有产品都具有四个不同的发展阶段，这一点需要特别注意。例如，房地产产品的生命周期所经历的四个阶段就不明显，然而，房地产产品仍然具有其独特的生命周期特征。房地产产品生命周期预测能够让企业了解产品正处于哪个阶段，以此来定制相应的营销策略。目前，我国房地产业对房地产生命周期的相关问题还未能给予足够的重视。

5. **房地产价格预测**

产品的定价是决定企业收益的重要指标，它不仅体现出当前市场的经济情况，还会对未来的房地产市场供求关系造成重大影响。价格预测在房地产企业的市场中起到至关重要的作用，因为它反映了房地产产品的高价值特征，而且每个企业都会根据自身的实际情况和营销策略来制定相应的开发成本，这让房地产产品的价格有着差异，房地产企业在进行市场预测时，了解当前和预测未来市场中产品价格的走向，是制定产品价格的关键一步。

6. **市场占有率预测**

"市场占有率"是衡量一个公司在特定区域的竞争力的重要指标。它可以帮助企业经营者了解企业的商品销售情况，并通过分析来预测未来的市场份额。这种方法可以帮助经营者更好地管理和控制企业的经营。通过将企业的销售和市场需求进行比较，可以更准确地预测出某种产品的市场份额。此外，房地产公司也可以通过分析同类或替代产品的市场情况，来更好地了解自己的竞争优势。

7. 技术发展预测

随着技术的不断发展，技术发展预测对房地产产品的影响力也在不断增强，新材料、新技术和新工艺的应用将会极大地改变用户对房地产产品的需求，从而对房地产市场产生深远的影响。技术发展预测旨在评估新技术、新材料、新工艺、新发明、新设备以及新产品的特性、性能、应用范围、使用效果、经济效益，以及它们对房地产市场的影响，以期为企业提供更有效的投资策略和更优质的服务。

（三）房地产市场预测的基本原则

房地产市场预测首先要遵循客观性原则，房地产市场预测实际上是利用历史统计资料和市场调查资料来推测未来市场走向。在预测市场未来走向的工作中，预测人员需要从房地产市场发展的客观规律和实际出发，在历史资料的基础上分析市场现状，推测未来市场必然的发展趋势，要实事求是，遵从客观性原则。

其次是连贯性原则，进行房地产市场预测要将市场发展的过去、现在和未来联系在一起，通过了解市场的过去和现在的发展，来推测市场的未来。如果抛开市场发展的历史和发展现状对房地产市场进行预测，那么其结果必然是不科学的，是失去了根据的推断。

最后是类推原则，除了房地产市场外，几乎所有商品的市场发展都有着相似性，不同商品市场之间的相似性或多或少，但都有着相似的规律。类推原则就是根据市场发展的规律，来预测未来房地产市场的发展变化。

（四）房地产市场预测的程序

与其他房地产项目开发的前期工作一样，房地产市场预测工作也要按照相应的程序开展，下面将工作程序进行一一展开。

1. 确定市场预测目标

市场预测工作的第一步就是要确定预测对象的项目和指标，即预测的时间、目的、商品种类和地域范围等。市场预测的目标要明确和具体，切忌目标模糊抽象，有明确的预测目标，才能为预测工作指明方向，不然无法开展具体工作。根据所需预测目标的不同，预测所需要进行的工作、资料和方法也会不同。明确预测目标后，就能明确本次预测的重点和需要进行的工作，为后续工作提前进行部署。

2. 收集、整理分析资料

市场预测需要在大量资料所建立的基础上进行，资料数量和质量决定了市场预测结果的准确与否。在确定了预测目标后，企业应马上着手尽可能多地收集与本次预测有关的市场资料并进行整理，这部分资料包括有关单位的内部和外部的资料，如市场供需变化、社会经济资料、市场动态资料、相关企业财务报表、市场营销资料等。

对资料的整理，要对资料的可靠性进行鉴别，对不完整和不适用的资料进行分析，应该避免进入整理的资料库中，减少不必要的工作量。对某些前后不一致的数据进行核对，将某些因素导致的异常数据剔除，以免对后续工作产生影响。整理后的资料要保证其全面、准确且适用，这有助于提高市场预测结果的质量。

3. 建立市场预测模型

预测的数学模型有时间关系模型、因果关系模型和结构关系模型三种。

时间关系模型是指预测对象与演变过程之间的时间关系数学模型，$y = f(t)$，简称为 y–t 型。它属于定时预测技术，主要用于研究预测对象的发展过程及趋势。

因果关系模型是指预测对象与影响因素之间的因果关系数学模型，$y = f(x)$，简称为 y–x 型。它分析的是影响因素对预测对象的因果演变过程，是一种分解的因素研究，以回顾预测模型为代表。

结构关系模型是指预测对象与预测对象之间的比例关系数学模型，在预测对象 y 之间互为函数，简称为 y–y 型。结果关系也是一种因果关系，当结果关系与时间因素相结合时，将构成动态结构关系模型。[1]

4. 选择预测方法

房地产市场预测方法主要为定性预测法和定量预测法，内容详见下文"房地产市场预测的方法"。

5. 分析、评价、确定预测值

通过将相关信息输入预测模型，并进行计算，我们就能够获得初步的预测结果。由于预测结果做不到毫无误差，所以需要对初步预测结果进行验证，以减少预测误差和增加准确性。为了证明初步预测的正确性，我们需要从技术和经济两个方面进行论证，并结合相关知识和经验，通过推理来评估和修正预测结果。检验初步预测结果的方法，一般可以使用统计检验、资料检验、理论检验和专家检验这四种方式。当检验结果达标时就可以进行下一阶段的工作了，若未能达标，需要对结果进行重新预测。

---

[1]　王永利、陈立春：《建筑工程成本管理》，北京理工大学出版社，2018，第 8 页。

6. 编写房地产市场预测报告

预测报告是市场预测工作的最终成果，是市场预测工作的最后一步。编写市场预测报告既要进行定性分析，也要进行定量计算，要将历史和现状结合起来进行比较，报告中要尽量使用统计图表和数学方法精确描述报告内容。在报告中，我们要确保数据的真实性、论证的完整性和建议的可行性。报告中还不能缺少对预测误差的分析，对预测结果进行判断和评价。

房地产市场预测报告分为一般性报告和专门性报告。前者能够提供较为简洁的预测结果和相关的市场建议，报告中会对预测过程进行简洁的论证与说明，主要用于参考使用；后者内容详尽，它将清楚地阐述预测的目的、数据来源、方法以及实施步骤，可以满足专业的市场研究人员的需求。

（五）房地产市场预测的方法

1. 定性预测法

定性预测法已成为社会经济领域的重要工具，它利用企业拥有的历史数据和实际情况，结合专家的智慧和经验，对未来市场发展趋势进行预测，从而使企业管理者更好地把握市场变化的性质和程度。主要应用场景为预测市场的因素难以用数学表达或难以分清主次时，预测人员会凭借相关知识、经验，综合分析所掌握的资料，以此判断市场的发展方向和存在的机会与风险。

定性预测法的执行成本较低、预测得出结果的时间快、预测简便且具有较强的灵活性，适用于对事物发展性质的分析。但定性预测法得出的结果会受到预测人员主观意识干扰和个人能力的限制，预测结果缺乏客观标准，往往带有主观性和片面性。

定性预测的方法主要有函询调查法、专家会议法和主观概率法。

（1）函询调查法

函询调查法也称为德尔菲法，是目前国际上公认且经常使用的预测方法，多在技术领域中应用。此调查法是用函询调查的方式，向房地产领域的专家询问想要预测的问题，在各位专家不沟通、不协商的情况下，给出各自的预测结果并以书面形式呈现。之后企业再对收集来的专家意见进行整理和分类，并将整理过后的专家意见匿名反馈给各个专家，再次征求意见，如此经过多轮重复征询后，就能够获得较为一致的专家意见，从而获得想要的预测结果。

通过对每一位专家的预测结果进行加权平均，我们可以更准确地反映出他们的权威水平，从而更好地评估他们的预测准确性。因此，我们应该根据每一位专家的预测结果，对其进行重要性权数赋予，从而获取更准确的评估。

函询调查法能最大限度地利用不同专家的能力，且预测结果不受他人干扰，可以集中真实意见，这是该调查法的优点。但调查结果会受到专家自身能力的影响，如工作经验不同、能力水平不同等，所得出的预测结果有局限性，这是该调查法的缺点。

（2）专家会议法

目前，我国房地产业常用的定性预测法为专家会议法，通过该方法进行预测所收获的信息较大、考虑因素较为全面，参会专家之间可以相互启发，且执行方便、成本较低。比如，企业想对房地产建筑材料的价格市场进行预测，可以请企业内部采购人员和外部的材料经营人员参会。由于受到参会人数的限制，专家会议法所取得预测结果的代表性不强，而且会议上的预测结果会受到权威专家的影响，让会议变成"一言堂"，另外会议的预测结果也可能会受到大多数人的意见影响，出现"从众"现象，从而忽略了少数人的正确意见。

（3）主观概率法

第三种定性预测方法是主观概率法，它是通过预测人员对未来事件发生的可能性进行主观估计，并计算出其平均值，以此作为市场预测的基础。通过该方法，专家可以提出多个预测值，并给出它们的可能性，在进行预测时，可以提出多个估计值，并评估每个估计值的可能性，最后计算出所有专家预测值的期望值，将这些期望值进行平均，从而得出最终的预测结果。

2. 定量预测法

通过定量预测，即利用数学模型来研究特定变量之间的关联性，以及它们在未来某段时期内的发展趋势，可以有效地帮助企业更好地把握市场机会，从而更好地实现经济增长。时间序列法和回归分析法是房地产业当前采用比较多的定量预测方法。

（1）时间序列分析法

"时间序列"通常指的是一系列按照一定顺序排列的数据，其中包括年、季度、月、周和天。该分析法的原理是假设市场发展变化是有规律的，且该规律会一直延续下去，然后根据历史统计资料分析出市场发展的规律，根据分析出的规律判断未来市场的趋势。简单平均法、移动平均法和指数平滑法为时间序列分析的三个具体方法。

第一，简单平均法。此方法需要先将一定的时间设为观察期，选取观察期内数据的平均数，以此平均数确定预测值。简单平均法使用起来最为简便，不需要太过复杂的运算，常用于短期预测。

第二，移动平均法。它是一种基于时间序列的预测技术，通过对每个项目的平均值的计算，可以有效地提高预测的准确性和可靠性。通过这种方式，我们可以更好地处理那些呈现出明显趋势的统计数据，无论它们的数值多么微小或庞大。这种方式可以帮助我们去除那些不规则的变化。通过使用移动平均法，我们可以更好地预测市场的长期发展趋势。

第三，指数平滑法。指数平滑法是由布朗（Robert Brown）提出的一种基于移动平均法发展起来的时间序列分析预测法，他认为时间序列的动态是稳定的或有规律的，因此可以合理地外推时间序列；他还认为最近的过去态势将在某种程度上延续到未来。指数平滑法一般用于生产预测，但也常用于中短期的经济发展预测，是通过计算指数平滑值，配合一定的时间序列预测模型对市场未来进行预测。其原理是任意周期的指数平滑值是当前周期观测值与前一周期指数平滑值的加权平均值。

（2）回归分析法

回归分析法是将实际统计数据通过数学计算，确定变量与变量之间相互依存的数量关系，建立合理的数学模式，以推算变量的未来值。通过这种分析方法，我们可以探索已知数据的变化趋势。当使用回归分析法来研究一个或一个以上变量时，我们可以将它们分别命名为一元线性回归分析和多元线性回归分析。

回归分析法是一种基于大量观察数据的统计学方法，它通过建立因变量与自变量之间的回归关系函数来描述复杂的数学现象。使用回归分析方法来识别和评估工程项目的风险是不可行的。社会经济现象的复杂联系很难仅仅依靠一个简单的函数模型就可以捕捉到，而这些联系往往具有不可预测的特征，需要借助于统计学的方法去探索和发掘。通过回归分析，我们可以利用统计学原理来研究随机变量之间的相互关系。

第二节　房地产项目的可行性研究

一、房地产项目可行性研究概述

"房地产行业的发展，不光能够推动国内经济的进步，还能够提升人们的住房质量和生活质量，为了提高房地产项目的成功率，进行房地产项目可行性研究也就显得十分重要。"[①]

可行性研究，又称可行性分析，是一种重要的投资决策过程，它旨在通过全面的经济、技术分析和可行性论证，以确保项目的可持续发展，并为企业提供有效的投资建议。可行性研究必须以系统总体作为出发点，全面分析和论证财务、环境保护、商业、法律、经济、技术等多个方面，从而明确建设项目的可行性，让投资决策更加正确和科学。对项目开展可行性研究是不断评价、决策和分析研究多种因素以及多个目标系统的过程，涉及多个领域和专业的内容，需要来自各个领域和各方面的专业人才相互配合才能完成好这项工作。如今，可行性研究在建设房地产项目、工业发展和科学技术的各个阶段都得到应用。

---

① 陈辉玲、程龙:《关于房地产项目可行性研究评价指标体系的探析》,《中国房地产业》2019 年第 11 期。

（一）房地产项目可行性研究的分类

房地产项目的可行性研究一般以项目的不同用途作为划分依据，其分类也较为广泛，如土地开发项目、居住房地产项目、商用房地产项目、工业用途房地产项目、特殊用途房地产项目等种类。

以研究对象提供的现状条件不同来分类的话，房地产项目可行性研究可分为房地产项目、土地以及开发项目、续建房地产开发项目的可行性研究等。

以房地产项目所处的阶段和研究的详细程度分类的话，房地产项目可行性研究可分为投资机会研究、初步可行性研究和详细可行性研究三类。

以房地产项目未来获取收益的方式不同分类的话，房地产项目可行性研究可分为出售型房地产项目可行性研究、出租型房地产项目可行性研究和混合型房地产项目可行性研究等类型。

（二）房地产项目可行性研究的目的

房地产项目可行性研究的最终目的是让房地产企业尽量减少投资决策时的失误，同时也可以增强投资决策的民主性和科学性，促进项目开发建设的环境效益、经济效益和社会效益不断提高。

房地产项目开发作为重要的综合性经济活动，涉及许多方面和领域，拥有较长的建设周期，所需投入的资金和资源量巨大，一个项目的成败可能会决定企业的命运，所以进行房地产项目可行性研究非常必要。可行性研究可使房地产项目的经济技术原则和基础资料得到切实的贯彻和落实，从而得到科学的结论，为企业对项目的决策提供重要的依据和支撑。

（三）房地产项目可行性研究的作用

第一，企业有了新的房地产项目建设意向或计划后，进行可行性研究能让企业预见该项目在经济和技术条件上是否可行、商品在市场中的竞争力如何、投资回报率如何、是否有亏损的风险等，从而得出是否应该对该项目进行投资建设的结论。

第二，在企业确定了项目可以进行投资建设后，需要筹集建设项目所需的资金，若企业需要向银行贷款，那么需要向银行提供可行性研究报告来为项目申请贷款。银行在对可行性研究报告进行全面的评估后，认可了项目的可行性后才能向企业放款。

第三，房地产项目立项、用地审批也需要可行性研究报告。房地产企业需要将可行性研究报告提交给计划部门来进行项目立项申请，计划部门会根据可行性研究报告来衡量该项目与国家的固定资产投资计划和房地产产业政策是否相符合，从而确定该项目是否能够立项。与此同时，房地产企业还要将可行性研究报告提供给土地、规划等行政主管部门，向其申请进行用地开发，行政主管部门审查该项目的初步规划设计方案、位置和用途，判断该项目是否和城市规划、年度用地规划、土地利用总体规划相符合，再确定是否对项目开发者的用地申请给予批准，并将用地安排给他们。

第四，房地产企业编制下一阶段的规划设计方案的重要依据和基础是可行性研究。可行性研究报告全面分析和论证了拟建项目，并明确规划设计原则，将建设方案推荐并拟定出来。当可行性研究报告得到批准之后，接下来更加详细和全面的规划设计工作就以可行性研究报告作为依据和基础有序开展。

二、房地产项目可行性研究的内容与程序

（一）房地产项目可行性研究的内容

房地产项目可行性研究的内容并不是千篇一律的，会根据项目自身特点来调整内容，但大致会有以下的固定内容。

第一，项目概况。在可行性研究报告中，项目概述是至关重要的一部分，它涵盖了项目的名称、企业背景、性质、位置、周边环境、特征、社会经济意义，以及研究项目可行性研究的宗旨、依据和范围。

第二，项目现状调查。项目现状调查需要企业到现场进行实地调查，这是项目一手资料的来源，也是可行性研究的重要工作环节。其内容包括项目用地性质、位置范围、权属状态、地质、地形地貌、气候等自然条件的调查，还包括项目用地市政基础设施状况调查。

第三，市场分析和建设规模的确定。在进行项目可行性研究时，要先对市场供需现状进行预测与分析，再进行市场交易量与价格的预测与分析，在确定了未来市场发展趋势后，企业就可以通过未来市场情况来确定项目建设规模。若在不了解未来事情的情况下贸然确定项目建设规模，可能会给企业带来亏损。所以这部分内容是可行性研究中必须要有的步骤和内容。

第四，项目建设方案。此部分内容主要为项目的设计与建设方案，如占地面积、建筑面积、层数、层高、房屋格局等。另外，企业还要在项目可行性研究时调查清楚周边市政设施的情况，并在报告中具体说明。

第五，资源供给情况。房地产项目的建设需要耗费大量资源，房地产企业除了需要考虑项目在建设过程中所需的建筑材料和建设中的水、电供给外，还要考虑项目建成后水、电、燃气、热力、通信和交通等资源供给情况，这

些资源与人们日常的工作生活息息相关，是可行性研究中必不可少的内容。

第六，开发项目的组织机构。该项目的主要内容包括组织架构和人员配置。

第七，项目建设实施计划。房地产项目的开发需要按照一定的顺序进行，所以可行性研究中这部分内容是必要的，主要包括前期工作计划、建设施工计划、环境保护计划与施工单位选择等。

第八，项目建设费用和收入预估。建设项目所需的费用和项目能带来多少收入是企业和相关金融机构所关心的。内容主要包括项目的总投资成本、开发成本、经营成本和项目销售预估和其他营业收入的预估。

第九，分析项目经济和社会效益。这主要是指估算开发成本，评价财务，评价项目环境效益、综合效益和社会效益，估算经营成本和销售成本，估算项目总投资，确定项目投资来源和筹措方式，分析风险，估算销售收入、经营收入、其他营业收入和租金收入等。

第十，项目可行性研究的结论与建议。通过对项目进行经济、技术、建设方案等方面的论证研究后，可得到项目的可行性结论。如果项目可行，需要对项目提出相关意见，如优化项目成本的方案和项目潜在风险等。

（二）房地产项目可行性研究的程序

房地产项目可行性研究程序的第一阶段为组织准备阶段，开展可行性研究首先要进行的工作是将研究班子搭建起来，他们主要负责制定研究计划、完成整体构想和筹集经费。研究班子由在城市规划和管理领域比较熟悉的专家、对房地产市场比较了解的专家、在房地产开发领域拥有较高工程技术水准的人员共同组成。

第二阶段为资料收集和市场调查阶段。本阶段主要对预建设项目的地理位置、周边环境、市场环境、建设条件等进行调查，并综合调查结果来分析项目的建设前景，如果确定该项目能够进行投资建设，即可开展项目成本预测和售价的预估。

第三阶段为项目投资与建设方案的研究。此阶段首先要提出一个或多个项目投资与规划方案的构想，之后对构想方案进行财务、社会效益和国民经济方面的评价，深入分析各方案的可行性。基于此，我们可以评估各种方案，并选择最优方案进行细化和优化，并以此制定项目建设的具体实施计划。

第四阶段为编写可行性研究报告。采取客观、公正的态度，对项目的可行性进行全面的评估和论证，以确保其可行性，将最终结果编写为可行性研究报告是该项工作的最后一步。

三、房地产项目可行性研究工作的阶段

房地产项目建设所花费的周期较长，工作的开展要持续深化，才能确保研究结论的正确性。联合国工业发展组织制定刊发了《工业可行性研究报告编写手册》，书中明文表示可行性研究工作包括如下四个阶段。

（一）投资机会研究

投资机会研究是指从投资盈利和收益的层面出发，对投资的可能性进行深入研究，鉴别投资机会，将备选项目筛选出来，从而激发投资者的投资兴趣。该阶段的研究属于粗略层面的研究。总体来说，该阶段的研究是为了对建设项目投资方向提出相关的建议和意见，具体来说，就是以国家的产业政策、国际的贸易情况、自然资源和市场需求等作为重要依据，在规定的地区和部门内，利用分析研究、调查以及预测等手段，优先选择合适的建设项目，

积极寻找和准确把握适合投资的机会。

一般来说，大中型项目需要用时 1 ～ 2 个月来完成投资机会研究，而在比较简单或小型的项目中，需要花费两个星期的时间来完成投资机会研究。在投资的总费用中，只有 0.1% ～ 1% 的费用用于机会研究方面。同时，在分析初步效益和投资额方面，误差要控制在 -30% ～ 30% 的范围内。通过该阶段的研究得出可行的结论，则可以开展下一阶段的研究工作，否则结束研究。

（二）初步可行性研究

项目的可行性受到投资机会研究认可之后，便表示该项目具备继续研究的价值，但是又不能确定能否开展该项目的详细可行性研究，此时便要对项目开展初步可行性研究工作，再次确认和判断该项目所具备的经济效益。

如果项目的可行性受到初步可行性研究的认可，就能够进入到详细可行性研究阶段进行深入研究，否则，该项目的前期研究工作将结束。从项目投资机会研究过渡到详细可行性研究的中间环节便是初步可行性研究，该阶段研究的目的主要包括三点。

第一，对投资分析研究的结论进行深入分析，并以详细资料作为重要参考依据，估算出初步的投资。

第二，对某些关键性问题进行专题辅助研究。

第三，根据选定的标准和依据，评估项目的可行性，以确定其可行性。

在估算生产成本和项目投资方面，要求初步可行性研究的精准误差控制在 -20% ～ 20% 的范围内，这个过程需要花费 4 ～ 6 个月的时间，所需费用占投资总费用的 0.25% ～ 1.25%。

（三）详细可行性研究

详细可行性研究作为项目投资决策的重要支撑和依据，又被称为最终可行性研究。详细可行性研究将从经济、商业和技术等方面提供评价依据来支撑项目决策，为推动项目的具体实施提供科学依据。

详细可行性研究阶段的目标主要包括：①筛选分析效益的最佳方案；②以相关标准作为重要参考依据，围绕拟建项目提出带有结论性的相关意见；③提出项目建设方案。

顾名思义，详细可行性研究包含了非常详细的内容，需要投入巨大的时间和精力。在该阶段中，要以该项目的实际情况作为重要依据，详细计算、认真调查和预测投资额和成本，这些数据的计算精准度误差要控制在 -10% ～ 10% 的范围内，中小型项目的可行性研究一般需要用时 4 ～ 6 个月的时间完成，所需费用占总投资额的 1% ～ 3%；需要花费 8 ～ 12 个月的时间才能完成大型项目的可行性研究工作，所需费用占总投资额的 0.2% ～ 1%。

（四）项目评估

一般来说，项目评估以相关的政策、法律、法规、参数和方法作为指导，以可行性研究作为重要基础和依据，围绕拟投资建设项目规划方案的全面技术经济性，通过贷款银行或相关责任机构进行再次评估和论证。之所以要开展项目评估，是因为要判断不同投资方案的优劣势，确定项目方案的可行性。

1. 项目评估内容

（1）投资必要性的评估

评估投资项目对于企业发展的影响，并确定它们的价值，深入分析拟投资规模的经济性；利用市场调查和预测等有力手段，分析和比较产品市场的供需情况和产品的竞争力。

（2）资源和技术评估

该阶段的主要评估内容包括投资项目是否与国家的相关技术发展政策相符合，使用的设备、工艺和技术是否与经济合理的条件保持一致；坚持适用性和先进性的原则，是否能获得最大效益；投资项目所采用的新工艺、新技术、新设备是否能通过科学试验和鉴定；设备选择是否合理、是否制定了正确产品方案并能合理利用资源；从综合角度评价技术方案。

（3）项目经济数据评估

评估内容包括了项目规模和方案数据、项目的技术经济指标、项目成本估算、销售收入及税金估算、项目利润预测等评估，还包括进行包括投资回收期分析、借款偿还期分析等在内的财务效益的评估。

（4）投资项目财务评估

投资项目财务评估的主要分析对象为财务盈利能力、项目清偿能力和财务外汇效果。分析财务盈利能力是指计算和分析包括财务净现值率、投资利润率、全部投资回收期、资本金利率、财务内部收益、财务净现值、投资利税率等在内的评价指标。分析项目清偿能力是指计算和分析包括流动比率、速动比率、资产负债率和借款偿还期等在内的评价指标。分析财务外汇效果主要是通过计算分析包括财务换汇成本和财务外汇净现值等指标。

2. 项目评估的基本程序

（1）组织安排

开展项目评估工作的首要环节是组织安排，其由制定计划和组织力量共同构成。

（2）资料收集

收集相关资料，再核实查证并深入研究分析这些资料；核实清楚调查查证过程中存在疑惑的问题和发现的问题的相关情况；加工整理已经收集的资料，并按照一定依据整合分类，为文字说明的编写、各种调查表的编制、审查分析提供依据和支撑。

（3）审查分析

将必要的资料收集好之后便要进行审查分析，审查分析由分析财务和审查基本情况共同构成。

（4）编写报告评估

评估报告主要以调查分析结果作为重要依据编写，编写完成的报告要按照规定程序交给企业决策层审批。评估报告要重点评估可行性报告中涉及的多种方案，从中挑选出最佳的方案，并根据评估投资项目得出一定的结论。

四、可行性研究报告的编制

房地产项目在完成一系列的可行性研究工作后，研究的最终结果会以可行性研究报告的形式体现。可行性研究报告是房地产项目申请立项、申请贷款、申请关键许可文件、与有关部门签订协议和合同等的必要材料。如果房地产企业有相关的部门和人员，企业可自行编写可行性研究报告，但企业内部编写的报告一般只用于企业进行投资决策，不适用于项目申请立项和向金融机构贷款等情况。所以通常情况下，房地产企业需要委托具有相应资质的工程咨询机构来编制可行性研究报告。

（一）可行性研究报告编制的注意事项

编制可行性研究报告时要注意的事项有：①编制的可行性研究报告必须依据可靠、结构内容完整。②尽量以数字和图表作为可行性研究报告的主要表述形式。另外，报告中的计量单位要统一。③可行性研究报告必须具备规范的文本格式和完整的附图、附件以及附表。④编制的可行性研究报告必须能够让项目初步设计编制的需求和投资决策的需求得到满足。

（二）可行性研究报告的编制依据

第一，以得到相关行政主管部门批准的项目建议书或具有同等效力的文件作为重要依据。

第二，以来源于水文地质、社会、自然、经济、气象和自然等领域的基础信息资料作为重要依据。

第三，以国家已经批准和认可的市政基础设施规划作为重要依据，这些规划主要包括城市总体规划、交通领域的规划和城市详细规划等。

第四，以国家参与制定和调查所得出的一系列经济参数和指标作为重要依据。

第五，以国家和地方的行业部门发展规划、经济和社会发展规划作为重要依据。

第六，以建设方面涉及的相关指标、标准、要求、规范和定额等资料作为重要依据。

第七，以开发项目备选方案中涉及的规划设计条件、备选规划设计方案和土地利用条件等作为重要依据。

第八，以其他相关的资料作为重要依据。

（三）可行性研究报告内容

可行性研究报告通常由封面、目录、正文、附件以及相关图表组成。企业可在根据自身需求，编写适用于自己的报告内容。

封面：封面要将可行性报告的编写时间、名称或主题、专业研究编写机构的名称等三部分内容体现出来。

目录：目录清晰完整，才能够让阅读人员快速掌握报告中存在的假设条件、具体内容条理以及前后关系。

正文：正文是可行性研究报告最主要和最重要的部分，内容包括项目概况、项目投资环境分析、投资风险分析、项目财务分析、项目可行性结论和研究人员建议等。

附件：附件是可行性研究中不可或缺的内容。在正式研究项目的可行性之前，相关人员必须要以政府相关行政主管部门的批准文件作为指导，比如土地证、规划选址意见书、建筑工程许可证和土地批租合同，等等。专业人员编写项目可行性研究报告时必须以相关的法律法规、委托书以及上述文件作为依据和指导。

附图：包括设计方案的平面图、项目的位置图、规划红线图和地形图等内容，有时候还将城市的总体规划图和项目所在地的城市总体规划图纳入其中。

第三节　房地产项目的市场细分与定位

一、房地产开发项目的市场细分

温德尔·史密斯（Wendell R.Smith）在 1956 年首次提出了将市场划分为若干个独立的部分的概念。"市场细分"指的是根据消费者的喜好、偏好、需求和行为特征，对一个完整的商业领域进行划分，使其成为多个独立的消费群体。每个消费者群体都是一个独立的细分市场，每个细分市场都具有类似消费需求和习惯的消费群体构成。一般情况下，不同子市场之间的需求会有着明显的差别。

无论一个企业的实力有多雄厚，产品的种类有多少，基本无法满足市场上的所有消费者群体，再加上设备、技术和资源等因素的制约，企业只能将自身的优势充分发挥出来，积极开展与房地产相关的生产经营活动，经营与自身条件存在较高匹配度的目标市场，所以对市场进行细分有很大的必要。

（一）市场细分的作用

从本质上来说，市场细分就是辨别和区分消费者群体的不同购买欲望、购买习惯和购买喜好，其作用主要包括以下方面。

第一，有利于企业开发新市场。在市场细分的作用下，企业可以全面和深入分析每个细分市场的竞争情况、购买潜力、满足程度。随着消费者需求的变化，企业应及时调整营销策略，以便更好地适应市场的变化，并加强自身的竞争力，从而获得更大的成功。

第二，能够推动经济效益的提升。为了赢得市场优势，满足消费者的需求，企业必须精心设计和制造出满足市场和消费者需求的产品，从而提升其经营效率和竞争力。

第三，有利于企业选择目标市场和制定营销策略。在细分市场的基础上，企业能更加明确不同消费者之间的需求如何，在通过自身优势来寻找对标的消费者群体，从而确定自己的目标市场。细分市场中信息流通和反馈的速度较快，企业要不断关注市场需求，及时调整营销策略，让本企业的产品和营销策略始终与市场和消费者保持一致。

第四，能够在目标市场上集中更多的物力和人力。通过对市场进行细分，企业可以有效地整合资源，提高效率，并在目标市场中获得更大的份额。

（二）房地产市场细分的方法及流程

1. 房地产市场细分的方法

市场细分参数对于房地产公司来说至关重要，因为其决定了公司的战略方向。三种常用的房地产市场细分方法是单一因素法、综合因素法和序列因素法，它们都可以用来深入分析和评估房地产市场的发展趋势。通过单一因素法和综合因素法，可以将市场划分为不同的类别，前者仅考虑单个因素，而后者则需要考虑两个或两个以上的因素，并且可能会有不同的结果。此外，还可以采取序列因素法，即将市场划分为若干个不同的类别，并且每个类别都有自己独有的特征。

2. 房地产市场细分的流程

第一，研究某种产品或某个市场范围。

第二，开展调查设计并且组织调查，需要解决的问题主要包括：哪类社会群体具有强烈的购房需求；这些群体的基本特征是什么；他们购买房子的目的是什么，是外界因素还是自身因素激励他们购买房子；购房者下定决心购买房子的因素是什么；购房者从产生购房动机到决定购买房子需要经过多长时间；在决定购买房子的过程中他们做的工作有哪些等。

第三，利用调查分析，评估和分析不同细分市场的性质和规模。

第四，深入分析房地产企业本身，主要了解以下问题：为了让细分市场的影响不断增强，开发商会采取哪些举措；开发商是否充分发挥出了这些举措的作用；开发商有没有建立起市场监督和调节机制、能否灵活反馈市场信息、是否进行了系统分析、是否拥有灵活的市场信息反馈机制；开发商是否合理地开展了经营活动；开发商本身所具备的人才、资金、管理和技术等方面的条件是否能满足开拓细分市场的需求；开发商在开发细分市场中存在哪些优势。

第五，公司应该精心挑选细分市场，并制定有效的营销战略。

二、房地产开发项目定位

在获得开发用地后，房地产企业首先要进行市场定位研究，以确定目标客群，并将其作为规划设计的基础，接着进行施工建设，最后通过营销网络将产品推向客户。因此，市场定位是拿地后最为关键的一步，至关重要。研究和分析潜在消费者的客户定位时，要以市场调研和市场细分作为重要依据和基础，这才是认真分析和研究了消费者的使用心理和使用方式而确定的产品定位，也是以消费者的喜好和理解作为基础而传播的产品的形象定位。

（一）产品定位

为了成功定位房地产项目，企业需要仔细研究市场情况、客户需求，并结合客户群体的特点，来明确房地产项目的主要技术模式和参数，利用创新意识设计产品的功能、产品效用和产品形式，最终在市场上体现出产品独特的形象。要利用科学的策划确定房地产开发项目的产品定位，在策划的基础上，才能明确产品规划的方向、土地的用途。

当前，为了确保房地产项目的成功，采取的产品定位策略包括：市场分析、SWOT分析、建筑规划以及精准的目标客户需求分析。

1. *房地产市场分析法*

通过利用市场调查方法，归纳、整理和收集与房地产项目市场环境相关的数据，明确产品定位方向，再利用竞争分析方法处理数据，利用以普通逻辑为基础的类比法、补缺法和排除法明确项目的产品定位，这种方法被称为房地产市场分析法。

2.SWOT 分析法

所谓 SWOT 分析法，是通过总结和概括项目内部条件和外部条件，对项目本身存在的优点和缺点、外部面临的风险和存在的发展机遇进行深入分析，结合影响程度大小和轻重缓急来对调查得出的因素进行排序，推动 SWOT 矩阵的构建，并以此作为重要依据，促进项目解决方案的形成。

"SWOT" 中的 S、W、O、T 分别指代房地产公司的内在优势、劣势、机遇以及外部威胁。由于各公司在施工技术、财务、管理、人才、建设能力以及市场等多方面的差异，它们各自拥有独特的优势与劣势，从而为公司提供了更多的发展空间。

企业在面对外部环境的变化时，应该充分利用自身的优势，及时调整策略，以最大限度地发挥自身的潜能，并将危机转化为机遇，从而提高企业的市场竞争力，实现长远的发展。

SWOT 分析可从多个方面来进行，且每个方面都有其各自的侧重点。

（1）优势—机遇（SO）分析

主要侧重分析企业本身的长处以及外界环境所存在的发展机遇。所以其主要任务便是制定进攻型战略，以准备随时"出击"。企业只要想生存发展，都应该利用自己的内部优势，百计千谋地把握住外部的发展机遇或相关事件提供的发展时机。

（2）劣势—机遇（WO）分析

重点分析房地产企业自身内部存在的不足之处和外部发展机遇。它的主要任务是充分发挥外部发展机遇的作用以弥补内部的短处。如果企业在外部存在一些发展机遇，但是由于内部的劣势阻碍了企业利用这些机遇，则可以使用此种战略。

（3）优势—威胁（ST）分析

重点分析房地产企业自身内部存在的优点和外部面临的威胁，它的主要任务是充分发挥内部优势的作用，削弱或消除外部威胁带来的不利影响。

（4）劣势—威胁（WT）分析

重点分析房地产企业自身内部存在的不足之处点和外部面临的威胁，它的主要任务是将内部的不足之处不断削减，以此削弱或消除外部威胁带来的不利影响。利用这种方法能为企业制定防御型战略提供支撑。

3. 建筑策划法

建筑策划法是以总体规划目标作为指导，以建筑学作为出发点，以相关规范和经验作为重要依据，在调查的基础上，通过客观分析，探索和获取既定目标的实现所必须遵循的程序和方法。通过对人、建筑和环境的深入探索，结合总体规划的目标，我们可以对社会、物质和人文环境进行实时考察，从而综合评估其经济效益，并且根据不同的用地类型，将其进行精细的分类。

4. 目标客户需求定位法

房地产企业对物业进行产品定位的过程中，以所选择的目标客户作为重要依据，开发出能够让客户的个性化需求得到满足的产品或服务，这种方法便称为目标客户需求定位法。

开发商在市场细分后进行目标客户需求定位，这主要包括三步。

第一，要确定服务于多少个目标市场、进入哪些目标市场。

第二，要以目标市场作为重要依据和基础，明确包括购买需求、购买动机和购买欲望等在内的目标客户的共同特征，对目标群体持有的共同核心价值观和他们所处的目标角色状态进行深入分析，注重对产品定位的准确把握。

第三，对目标顾客的需求特征全面了解后，还要定位和创新产品的形式、功能和效用，在市场中为产品打造更加独特的形象。

（二）市场定位

房地产企业发现并确定项目潜在客户，确定与项目相关的消费者群体及其共同特征的这一过程就是房地产项目的市场定位。市场定位要求房地产企业对目标消费群体的消费动机、消费习惯、消费行为和消费方式进行深入研究，还要对消费者自身所具备的文化背景、生活方式、观念、所处阶层、人格、兴趣爱好和环境等做充分了解。

房地产企业深入研究目标客户群时，要与项目自身的特征相结合，深入研究和了解客户群的区域结构、购买商品房的消费能力、对环境和配套设施的需求、购买商品房的动机和目的、年龄结构、对商品房特征的需求、职业特征、物业管理的需求等各方面的需求。

（三）功能定位

房地产企业在选择目标市场和确定市场定位的基础上，将房地产产品的特征与潜在的目标客户群体对房地产的需求特征相结合，从而进一步明确准备提供的房地产产品必须具备的功能，这便是房地产开发项目的功能定位。

房地产的功能定位就是为市场中的目标客户群体提供适销对路且有较高性能价格的产品。功能定位主要有以下三种方式。

第一，以市场定位作为依据明确功能定位。消费者购买某种产品的动机主要来源于让自己的某种利益、需求和功能得到满足，所以，房地产企业要以目标客户的需求作为核心，明确房地产产品的功能定位。

第二，以街区功能作为依据明确功能定位。每一个房地产项目的营销都要与所在的街区环境密切结合，将现有街区的功能和作用充分发挥出来，不断完善房地产项目的功能。

第三，以竞争需求作为依据明确功能定位。有些房地产项目设置的功能并不是从目标客户的需求出发的，而是房地产企业为了在房地产市场中获得更多市场竞争优势而采取的功能定位策略。

（四）形象定位

房地产开发项目确定的形象定位是指项目所具备的与竞争对手截然不同的特征，可以利用概念化的方式描述、通过广告的形式传播，从而引发目标客户的共鸣。形象定位始终要遵守以下原则。

第一，我们必须确保项目的外观与周围环境相协调。以国际化社区的视角出发，我们应该充分考虑周边的自然资源、生态环境，以确保项目的成功实施。

第二，项目形象的展示非常便捷。例如，项目的广告主题要以优美的形式展现出来，并确保内涵丰富，才能更好地展示在消费者面前。

第三，项目的形象定位要符合项目产品的显著特征。如果房地产项目能塑造优秀的形象定位，不仅能传播产品优良的特征和品质，还能引发消费者的无限联想。

第四，项目形象符合目标客户群的需求特点。客户的期望和满意度是决定项目形象的关键因素，要将项目产品的信息传递给目标客户，让观众认为这就是他们所需要的产品、产品与他们的需求保持一致。

第五，在确定项目的形象时，必须全面考虑市场竞争的各种因素。

第四节　房地产项目的规划与设计

一、房地产项目规划

（一）居住和居住区认识

人类的生活离不开衣食住行，其中住所是人们安身立命的基础，是人类最重要的需求之一，有了住所人类才能安居乐业，随着人类文明不断发展，住所的重要属性却一直没有改变过，是社会发展的基础。人类文明之初，居住区是人们集聚居住在一起的环境，是具有一定规模的居民聚集地。如今，居住区已经成为一个拥有庞大人口、充足土地资源的城市空间，它由居民楼、公共建筑、道路、绿地以及其他各种基础设施组成，被城市街道和自然环境所环绕，形成了一个相对独立的空间。

目前，规划设计和房地产建筑设计之间存在着密不可分的联系，居住区的规划设计不仅要满足居民最基本的居住功能要求，还要为居民提供周边配套设施齐全、交通便利、安全、卫生且美观的环境。

1. 居住形态的影响因素

（1）自然条件

我国幅员辽阔，各个地区的地理环境和气候条件差异明显，各地区的房屋的布局和形态风貌有着明显区别。例如，我国北方地区多处于中温带，气候较为寒冷，建筑的特点是注重采光和保暖性，墙壁厚实；我国南方气候较为炎热，建筑多没有保暖层，墙体和屋顶较为单薄，建筑内部注重通风。四合院、窑洞、蒙古包、吊脚楼等特色建筑和居所都是为了适应当地的自然环境而形成的。

（2）经济条件

经济关乎着国家的发展和人民的生活水平，经济水平也直接影响着居住形态。20世纪60、70年代，我国居民居住楼房的并不多，且居民楼多以"筒子楼"为主，同楼层的多户居民共用一个厨房和厕所，且居住面积较小，并不是一种十分理想的居民楼。改革开放后，我国经济发展迅猛，居民的生活水平提高了，房地产业也迎来了大发展，动迁安置让众多居民搬出了平房，住进了楼房，人们的住房条件得到了改善，房地产的形态也逐渐丰富起来。尤其是近年来，我国房地产业逐渐成熟，房地产项目的设计理念、建筑质量、配套设施和绿化环境都有了较大提升。

（3）科技水平

科技水平的提升同样给房地产业带来了改变，设计理念、建筑材料、施工方法的不断改进，改变了居住形态。新的墙体材料、外墙材料、窗体构件和轻质材料的使用，让房间的内部空间更大、采光更好、房间格局更加合理。未来，随着新技术的不断发展，房地产将会发生巨大的变化，从而提升其质量。

（4）建造目的

房地产项目的建造会根据目标客户群体的需求不同而进行调整，比如，商住两用房、商品房、动迁安置房等项目的设计标准、造价、项目内配套设施和绿化环境会有差别，所以不同的建造目的会影响居住形态。

2. 居住区结构模式

居住区客户可以分为多种形式，如按照户数或人口规模来划分，可以划分为三种形式，即居住区、居住小区和居住组团。

方便居民居住是选择居住区结构与布局的决定性因素，但城市用地的总体规划布局以及所在城市的特定条件等亦是重要的影响因素，下面具体介绍一下三者的区别所在。

（1）居住组团

居住组团的规模是三者中最小的，其人口规模一般为 1 000 ～ 3 000 人或 300 ～ 700 户，可以理解为是被小区道路分隔的居住生活聚居地，居住组团一般会配备基础公共服务设施，如居委会和社区服务站。

（2）居住小区

这个社区的大小通常在 5 000 ～ 15 000 人之间，每个社区都有 2 000 ～ 4 000 户家庭。它们通常位于社区内的主要街道和自然界限之间，并且通常由几个社区组成。通过提供必要的公共服务，居民可以在社区内找到满足其日常需求的地方，例如社区管理局、购物中心、幼儿园、小学和中学。

（3）居住区

居住区是一个人口密集的地区，其人口一般在 30 000 ～ 50 000 人之间，户数也在 10 000 ～ 15 000 之间。它们被城市干道或自然分界线所环绕，由几个居住小区组成，构成了一个完整的居住生活区域。居住区一般由较为完整的且能够满足周边居民文化、物质生活的公共服务设施。

（二）居住区规划设计的要求

居住区规划设计要求居住区的规划设计是城市控制性详细规划的组成部分，要符合城市总体规划的要求。应遵守《中华人民共和国城乡规划法》提出的"遵循城乡统筹、合理布局、节约土地、集约发展和先规划后建设的原则，改善生态环境，促进资源、能源节约和综合利用，保护耕地等自然资源和历史文化遗产，保持地方特色、民族特色和传统风貌，防止污染和其他公害，并符合区域人口发展、国防建设、防灾减灾和公共卫生、公共安全的需要"。[①]居住区规划设计应符合国家标准《城市居住区规划设计标准》（GB50180-2018）及对规划布局、空间环境、土地使用等提出的相关技术规定。居住区的规划是将居住区的布局结构、住房布局、交通道路、生活设施、绿化和休闲场所、市政公共设施等因素综合考虑后进行的具体规划，其主要目的是提供舒适、便捷、干净、安全和美观的生活环境，以满足居民的需求。

居住区规划旨在确保居民能够在一个舒适、方便、安全、卫生、美观的空间中享受到各种生活服务，包括但不限于建筑物的总体布局、房屋的分类、交通的流线、社会福利的提供、绿化的建设以及市政基础设施的完善，以满足居民的需求。

第一，舒适性。居住区的规划应首先考虑的是在满足居民日常生活的基本要求上，如何规划才能让居民生活更加舒适。适当的建筑物密度、方便的交通环境、齐全的配套设施、良好的绿化环境和足够的户外活动场地能极大地提升居住区的舒适性。

第二，方便性。居住区的规划要考虑居民生活的方便性，如果居住区周边道路和配套设施规划不合理，即使配套设施再齐全，居民使用起来也不方便。要将居住区周边的学校、商场、医院和公共设施等合理安排在居住区内，并且合理安排道路交通，让居民能够较为快速地抵达这些区域，且车辆出入畅通、停车较为方便等。

第三，安全性。居住区的安全性不单指居住区内和周围的治安情况如何，

---

① 详见《中华人民共和国城乡规划法》第四条。

还要考虑居住区的防火安全、交通安全、防震抗震、有安全避难设施等。安居才能乐业，居住区的安全得到了保障，居民才能放心工作生活。

第四，卫生性。居住区的人口密度大，户数多，如果在卫生方面没有进行良好的规划，可能会给居住区造成严重的影响，这不仅会影响周边的环境卫生，也会影响居民的身体健康。居住区规划要注重生活污水处理、垃圾收集处理，一个几万人口的居住区每天所产生的污水和垃圾量巨大，需要合理安排其排放和回收，确保居住区内设施的污水排放能够达到排放标准，垃圾能够合理分类回收。另外，也要注重居住区的空气质量，避免有害气体和烟尘污染的情况。

第五，美观性。居住区的美观性不仅要求绿化面积，还要求居住区内的建筑布局合理，建筑的比例与色调和谐，建筑风格统一。确保居住内没有私搭乱建的情况，保证建筑群的和谐美观。

二、房地产项目设计

在设计房地产项目时，应当严格遵守《中华人民共和国城乡规划法》和《城市居住区规划设计标准》。现代人们对生活品质的要求不断提升，房地产项目的设计还要满足人们对房地产功能的需求，设计出突出环境舒适、生活便利。随着科技发展，新材料和新技术不断被应用在房地产项目中，在进行房地产项目设计时，要结合新材料和新技术的特点，促进房地产业的现代化发展。在房地产项目设计中，应该以人为本，特别是考虑到儿童、老年人、残疾人等特殊群体的需求，以确保他们能够得到最佳的使用体验。

（一）房地产项目设计的空间与功能

房屋的功能决定了它的空间形态，因此必须符合它的特定要求。这些要求包括：功能、审美、结构、设备、材料等，它们都会对建筑的空间形态产生重大影响。因此，在选择房屋时，必须考虑这些因素，以确保它们符合所需的功能和审美标准。

1. 空间的大小与功能

以住宅设计为例，由于不同房间的功能不同，各房间的面积与空间会随之变化，如客厅、卧室、卫生间和厨房的面积各不相同。另外，不同户型的住宅，面积也不同，如大套型住宅的卧室与中、小套型住宅卧室的面积标准不同，普通住宅的卧室面积也与别墅的面积标准不同。上述的这些不同，都是由功能决定的。

2. 空间的形状与功能

目前，应用于房地产项目的空间形状较多，如长方形、正方形、圆形、梯形、三角形、扇形和不规则形状等。这些不同的形状，能够在不同功能的房地产项目中看到。虽然功能对空间形状并没有太过严格的要求，但进行房地产项目设计时，其空间形状要符合功能要求。比如，多层和高层的房地产项目因为受到结构技术和经济条件等方面的制约，空间形状多是比较规则的，像高层住宅项目多是长方形与正方形的；但层数较低的房地产项目尤其是独立式房地产项目，其受到的制约较少，所以空间形状比较灵活，在进行设计时可采取更多的形状。

3. 空间的质与功能

空间的质一般指房屋的采光、通风、日照等条件，根据房地产项目的功能要求不同，不同朝向的房间要有不同的开窗形式。比如，方向朝南的卧室一般开落地窗来满足采光与观景的功能要求。

（二）房地产设计的内部空间组合

1.房地产的内部区域设计

以房地产住宅项目为例，住宅的内部可分为三个区域：群体生活区、私人生活区、家务工作区。不同区域都承载了各自的功能。门厅、餐厅、客厅、娱乐室、书房和户外活动空间是住宅的群体生活区；卧室和卫生间是私人生活区；厨房、家务室、工作室、储藏室和车库是家务工作区。

2.平面功能组合形式

以房地产住宅项目为例，住宅在一般情况下会采用的平面组合形式有：①以客厅为中心布置，各功能用房围绕客厅，按不同的朝向、通风和采光要求进行布置，这种平面组合形式较为紧凑。②以过道串联布置，这种布置方式是以房屋过道来串联各功能用房，此种布局能让各房间相对独立，但平面组合较为分散，用地不经济。③以中心内院为中心布置，此种方法能让各房间获得较好的观景，但只适用于独立式住宅项目。

（三）房地产项目设计的外部造型处理

1.基本要素：点、线、面、体

点是没有方向性的，是具有空间位置的视觉单位。在建筑物的构造中，点的数量应该保持一定的比例，以免因过多的数量而影响整体的结构。例如，一根柱子搭在平面上通常看作一个点，墙面上的窗户也可在更大的维度看作为点。

线是点的移动轨迹，一个点可以延伸成一条线。线是一种特殊的物理现象，它可以表示物体的形状和结构。线没有宽度和深度，只有长度，它可以表示物体的形状和结构。建筑中线条可以清楚地表明面和体的轮廓，如房屋的横梁、立柱和窗框等。

通过将一条线分割成若干个面，我们就能够描述它们之间的运动轨迹。面具有形状，但缺乏内在的厚度。建筑物的外观是非常重要的，它们包括地板、墙壁和屋顶。

体是面的移动轨迹，多个面组合后就成为一个"体"。体是三维的，具有长度、宽度和深度。体既可以是实体，也可以是虚体，其中实体是体量所置换的空间，如雕塑体；虚体是面所包容或围起来的空间，如建筑空间。

2. 基本方法

（1）体型的削减与增加

内在的功能是决定建筑外观的关键因素，因此，在设计时必须确保它们不会影响到内在的功能。为此，在设计过程中，应该充分利用点、线、面、体等元素，将它们有机地结合在一起，以达到最佳的效果。对于阳台的凹陷和凸起，应当采取适当的措施。

（2）立面的形式处理

建筑立面要符合审美原则，构图要讲求平衡、统一、渐变、对比等规则，并体现出本项目独特的建筑个性。立面的形式处理主要有以下几种方法。

第一，材质处理。建筑立面的材质是实现建筑造型设计和色彩设计的根本，可以利用材料表面的结构特征和材料的和谐法则，达到满足建筑功能与形式的基本效果。

第二，色彩处理。建筑立面的色彩要体现出项目的个性，同时不影响城市和居住区的规划设计。可以充分利用色彩的明度和彩度的对比、调和进行构图处理。

第三，虚实处理。以建筑立面来说，实是建筑的墙体，而虚是窗户、阳台和玻璃等。建筑立的构图可以考虑虚实平衡，以此设计的立面具有节奏感和韵律感。

第四，光影处理。建筑立面的凹凸所形成的光影效果不同，凸出部分在光线作用下会产生阴影，可形成明暗对比的视觉效果。

第五，装饰处理。建筑立面装饰能够体现房地产项目的个性和文化特性，是建筑物的重要装饰方法。可以充分利用建筑特定的语言符号处理好建筑造型，以便更好地表现出建筑的时代性、地方性，使建筑的形式符合房地产规划建设的创意。

三、房地产项目规划设计的内容

房地产项目的规划设计按项目分类不同，其规划设计的内容也不同。例如住宅项目规划设计主要为居住区规划布局、建筑造型规划、建筑风格规划、户型规划和公共设施规划。此处以住宅项目为例进行说明。

（一）居住区规划布局

房地产住宅项目的居住区规划布局要综合项目情况与各类设施的布局，应充分考虑住宅布局、公共建筑和设施的布局、道路交通和绿化景观的规划等因素。居住区建筑的总体布局要以光照、通风、安静、美观的原则为主，合理进行建筑群体的布局设计。居住区规划布局的方式主要以下几种。

第一，行列式布局。这种布局方式将建筑物按照特定的朝向和间隔进行排列，其中大多数建筑物呈南北向。这种布局方法能让建筑中的每一户都有好的朝向，施工较为方便，且建筑群和谐美观，是目前较多采用的一种布局方式。

第二，周边式布局。此种布局方式是让建筑沿街或院落周围布置，用周边式布局能提高土地利用率，但住宅内部的部分户型朝向较差，采光和通风会受到影响。

第三，混合式布局。此种布局方式是采取行列式和周边式布局相结合来进行布局，混合式布局有着上述两种布局方法的优点。

第四，自由式布局。每个住宅项目所处环境不同，若遇到特殊的地形地貌，可结合项目环境的特点，不受限于固定的布局方式，采用自由式布局，让建筑获得更好的朝向或提高土地利用率。

（二）建筑选型规划

建筑选型是房地产项目规划设计的重要内容，会直接影响到土地利用率、建筑造价和施工难易程度。在房地产开发中，住宅项目的划分应该考虑到建筑物的高度、外观形态、结构形式及其所处的空间布局，而在制定住宅项目的选择规划时，应当根据项目的定位、客户的期望、周围的自然环境及土地的特性等因素，进行全面的规划。

1. 按建筑层数划分

建筑可按层数划分为地层建筑、多层建筑和高层建筑。低层建筑的层数为 1 ~ 3 层。以住宅项目为例，目前城市中的低层住宅多为高档住宅，以独栋别墅和联排别墅居多。中层建筑一般指层数在 4 ~ 6 层的建筑。以住宅项目为例，多层住宅项目的造价较低，市场价格容易被消费者接受，是我国最为常见的住宅类型，多层住宅多采用楼梯，而不是电梯。随着城市土地资源减少和建筑技术、材料的不断提升，目前大城市中多层住宅的建设较少。

根据层数的不同，高层建筑可以分为 7 ~ 9 层的中高层，以及 10 层及更高层，而超高层建筑则是指总高度超过 100 米的建筑。根据《住宅设计规范》，7 层及 7 层以上的住宅必须配备电梯，而 12 层及 12 层以上的住宅，每栋楼必须配备两台电梯，其中一台可以容纳担架，以确保住宅安全可靠。

2. 按平面特点划分

以住宅项目为例，住宅按照平面特点可分为点式住宅和条式住宅。

点式住宅，也被称为塔式住宅，是一种建筑形式，其特点是建筑长度和宽度相近。点式住宅具有极强的适应性，可以满足各种尺寸和平面形状的用地需求，从而提供更优质的居住体验。点式住宅的优势在于它能够有效地减少周围建筑物的视野和通风阻碍，同时也能够有效地减少阴影区域，从而缩短日照时间。目前，点式住宅多用于高层住宅项目，合理安排住户，可充分发挥出电梯的服务效率，且建筑的抗震性能较好。

条式住宅，也称板式住宅，是一种由多个居住单元以直线连接而成的住宅类型。在许多情况下，行列式布局的住宅都会选择条形结构。这种结构的优势在于，它们的房间朝向良好，室内空气流通，而且施工难度较小，与点状结构相比，建造成本更低。然而，条式住宅的布局缺乏灵活性，由于其体型的限制，它会对周围建筑物造成较大的影响，从而阻碍日照、通风和视野，因此，采用条式住宅的项目多以行列式布局为主，以减少对周边环境的不利影响。

3. 按结构类型划分

目前，房地产项目按照结构类型可划分为砖混结构、框架结构和框架剪力墙结构。

首先，我们来讨论砖混结构的建筑。砖混结构的建筑通常使用砖、石头和钢筋混凝土作为支撑材料，并通过砌块来支撑它们。这种结构的特点是，它们的竖直支撑部分通常包括砖墙或砖柱，而横向支撑部分则通常包括楼板、大梁或过梁。砖混结构的建筑造价较低，多层住宅多采用此结构。虽然造价较低，但砖混结构的建筑物抗震能力较差，建筑物内容空间也受到结构的限制。

其次是框架结构。框架结构被广泛认可，它的特点之一就是其具有良好的抗侧向刚度，这使得它能够承受更多的水平荷载，从而提高其强度和稳定性。框架结构是一种复杂的建筑形式，由钢筋混凝土梁和支撑柱组成，能够承受各种垂直和水平荷载。填充墙是框架结构建筑物中的一种，它不承重，只起到隔离房间的作用。框架结构建筑物的室内空间受到的限制小，所以相对砖混结构来说室内空间大，但造价比砖混结构高，且需要较长的施工时间。框架结构多用于高层住宅和多层工业厂房。

最后是框架剪力墙结构。框剪结构，也被称作框架剪力墙，是一种特殊的建筑形式，它通过在框架中安装大量的剪力墙来实现各种复杂的功能需求。相比框架结构，框架剪力墙结构有很大的优势，首先，由于有剪力墙的存在，有相当大的侧向刚度；其次，空间整体性好，没有切割感；再次，梁、柱是不外露在房间内的，所以，对于业主布置房间很方便。目前，框架剪力墙结构比较获高层住宅的偏爱，被其广泛使用。

4.按户内空间布局划分

以房地产住宅项目为例，住宅建筑按户内空间布局可划分为平层、错层、跃层和复式。

第一，平层空间布局。平层是所有住宅建筑中最常用的一种布局方式，这种住宅由处于统一层面的客厅、卧室、厨房、卫生间和阳台组成，它们共同构成了一个完整的空间系统，使得居住者可以在家中享受到各种便利。平层住宅的设计十分精致，每个房间都彼此连通，功能划分十分明确，然而与其他类型的建筑物相比，它的空间结构并不十分丰富。

第二，错层空间布局。错层住宅通常意味着每个房间位于不同的层面。

错层的空间布局让整套住宅内的层次感更强，不同功能的房间处于相对独立的空间，在布局上有较大的合理性，增强了卧室等居住区的私密性。相比平层住宅，错层住宅房间的高度更高，但往往受限于面积，居住的舒适感因人而异。

第三，跃层空间布局。跃层住宅由两个独立的空间组成，内部有户内楼梯连接，其中一层拥有宽敞的客厅、舒适的餐厅、精致的厨房和完善的卫生间，而二层则拥有宽敞的卧室、舒适的书房等。跃层住宅一般分为"上跃型住宅"和"下跃型住宅"两类，目前在房地产市场中最为常见的是"上跃型住宅"。跃层住宅有着采光好、通风好的优点，户内面积较大，房间布局紧凑。但跃层住宅的结构较为复杂，户内的楼梯也会占用一定的使用面积。

第四，复式空间布局。复式空间布局是从跃层发展而来，从基本概念上来说，复式住宅并不是真正的两层空间，而是一层。由于其高度比一般平层住宅更高，因此可以在局部挖出夹层，利用楼梯将上下空间连接起来，从而大幅提升房屋的空间利用率，通过夹层复合，可以使住宅的使用面积提升50% ～ 70%。夹层虽然提高了空间利用率，但也分割了房屋的高度，长期使用容易产生局促的不适感。

（三）建筑风格规划

"建筑风格"指的是一种独特的建筑设计，它通过对建筑的平面布局、结构、艺术处理以及使用的技巧来展现出来。这种风格通常具有鲜明的个性，并且能够给人以深刻的感受。随着社会的进步、经济的发展、建筑技术的提升、材料的改良以及设计理念的创新，建筑风格也在不断变化，从而使得不同的时代和环境中出现了独特的建筑风格。

如今，由于社会的发展和人口的增长，城市中的高层、超高层建筑越来越多，建筑风格也各有特色。对于房地产企业而言，独特且适宜的建筑风格不仅能够增强企业形象，也能成为项目的亮点与卖点。对消费者而言，在外观靓丽独特的建筑中工作生活，能够获得精神上的愉悦与满足。对城市发展而言，建筑是城市的灵魂，也是城市中亮丽的风景线，也正是一座座不同建筑风格的建筑组成了城市，让城市不断繁荣发展。

（四）户型规划

户型是目前房地产业和建筑业对住宅类型的简称。受到土地、经济等多方面因素制约，大多数住宅内的空间和面积比较有限，但住宅内又需要有能满足居民日常生活的基础功能房间（如厨房、卫生间等），所以把有限的空间合理地进行户型规划，能让住宅空间组合层次清晰、布局合理。同时，合理的户型规划能让房地产项目更加出彩。

1. 房屋功能分区

随着中国经济的高速增长，人们的生活质量也有所提高。这种变化的一个重要体现就是住房的独特性。根据居住行为模式，家庭空间可以划分为公共卫星区域、私人空间、家务区域、卫生区域、交通区域以及室外过渡区域等。

（1）私人行为空间

私人行为空间通常指卧室。住宅的卧室大体上可以分为主卧室和次卧室，而主卧室的空间最大，拥有最完善的私密性，是家庭的核心，也是夫妻双方的最佳选择。主卧室的位置非常适合，因为它们的阳台通常都是宽敞的。次卧室通常是家庭成员的居所，它的面积要比主卧室小，但是可以根据使用者的年龄和需求来进行调整。

私人空间还包括客房和保姆房，这种房间要求的面积相对较低，能满足居住人短期的居住需求即可。

（2）公共行为空间

门厅、餐厅和客厅等都是公共行为空间。门厅作为一个过渡空间，是进入住宅后的第一个区域，可以在此空间设置玄关和小型衣帽间以达到合理使用。餐厅是居住人就餐之处，一般会临近厨房布置。一般情况下，客厅是住宅内面积最大的房间，是居民日常活动和会客、社交的主要场所，连接着住宅内的其他房间。

（3）家务行为空间

家务行为空间包含厨房和洗衣房。厨房一般面积较小，但却是住宅内设计的核心组成部分，其中涉及燃气管道和通风管道的设置，同时餐厅是处理居民膳食的重要场所，其位置和空间的布置必须便于居民生活。

面积较大的住宅通常设有洗衣房或家务室，合理设置房间能够提高居民家务工作的效率。

（4）卫生行为空间

卫生行为空间一般指卫生间。卫生间是居民处理个人卫生的专用空间，有着重要的功能。目前，卫生间的布局、卫生洁具的安排等越来越受到人们的重视，方便使用的卫生间能够提升居民生活的舒适度。另外，较大的住宅可设置公共卫生间和私人卫生间。

（5）交通空间

通常，交通空间包括住宅内的走廊和室内楼梯。在这个住宅里，每个房间都有一条走廊和一条小巷子来进出。通常，住宅的走廊和过道都会与其他空间相连接，以此来提高室内空间的灵活性。此外，在设计住房时，应该特别关注交通空间的分配，避免使用太多的交通用地。

在复式、跃层和别墅等住宅中，通常会安装户内楼梯，这些楼梯的形态大多是直梯、螺旋梯或者是弧形梯。通过合理安排室内楼梯，我们可以为住宅增添美感并增加储物空间。

（6）室外过渡空间

室外过渡空间一般指阳台和露台。阳台起到是住宅内部与外部环境沟通的作用。根据其用途，阳台可以划分为生活性和服务性。生活阳台通常被设置在卧室的外面，并且面对着窗户，通常位于住宅的南边。服务阳台一般位于阳台外部，可供住户进行杂物互动，一般朝向不好，多位于住宅北侧。

由于缺乏屋顶，因此被称为露台，它通常是为了满足室内空间的要求、改善建筑结构的要求，而设计的大型阳台，其尺寸通常比较宽敞。露台是家庭居住空间的重要组成部分，它不仅能为家庭增添视觉上的舒适感，还能够改善家庭的生活品质。

2. 房屋功能分区的要点

房屋的功能区分要以为住户提供最佳的功能空间为原则，以城市住宅建设基本原则为指导。房屋功能区分的要点包括：①采光通风原则，房屋最好的朝向为朝南，采光效果最好，其次是东西朝向，朝北为最差的朝向，采光效果最差，但朝北的房屋一般售价相对较低。同时房屋在设计上最好能够穿堂风。②安静舒适原则，安静的空间才能让住户感到舒适，在房屋设计时要考虑各房间的隔音性。③功能区分原则，在设计房屋时要让各房间的功能区分开，客厅和卧室要隔开，厨房和卫生间要有一定距离。④合理安排客厅与走廊，房屋的客厅应尽量减少开门，并且减少不能利用的通道走廊。⑤为了保证住户的健康，卫生间应该尽量采用干湿分离的原则，避免长期处于潮湿的环境中，以免滋生细菌。在选择卫生间的位置时，应避免将其正对客厅或餐厅，并且不应与厨房毗邻，而且应该尽量远离主卧室。

（五）公共设施规划

1. 公共服务设施规划

公共设施是提供给社会公众使用的公共产品，目的是满足公众公共需求。从服务内容的角度，可将公共设施分为教育设施、商业设施、医疗设施、信息设施、服务设施、交通设施和照明设施等等。房地产项目会涉及部分公共设施，在公共设施的规划上要考虑项目与公共设施的结合，其中教育设施、商业设施和交通设施等对房地产项目的影响较大，在规划公共服务设施时应当注意。

2. 停车设施规划

随着时代的进步，我国的汽车拥有量持续上升。据统计，截至 2022 年 11 月底，全国拥有 4.15 亿辆机动车，而其中汽车的数量已高达 3.18 亿辆。如今，如何合理安排项目内业主、租户停车的问题，已经成为房地产企业在规划项目时首先需要考虑的问题。房地产项目的停车设施规划可根据项目条件采用多种方式。比如，可以将项目的地下空间设为地下停车位；如果项目条件允许，可利用多余的地面空间设置地上停车位等。

3. 安全设施规划

房地产项目的安全设施已经逐渐引起消费者们的关注，配套的安全设施成为越累越多房地产项目的标配。安全设施一般包括房地产项目内的监控系统、门禁系统、视频对讲系统、电梯门禁系统、电子安保系统等。项目内的安全设施一般与物业中控室相连，由物业服务企业统一管理。

4. 户外场地设施规划

房地产项目在规划之初要考虑到给业主提供一定的户外场地，用于老年人休闲健身、青少年体育锻炼和儿童游戏。同时，户外场地上也要包含相应的配套设施，如提供给老年人休闲健身的设施、青少年的运动器械、儿童的游戏设施等，还应在设施周围设置桌椅、垃圾箱、照明设备、绿化景观等。

四、房地产开发项目主题策划

房地产主体策划也称为主题设计或概念策划，是房地产企业根据当前或未来的市场、消费者需求以及产品本身的特性而总结与明确的项目主题思想。房地产主题策划可体现出项目的开发理念和优势，并通过其将项目的优势与特点准确地传达给市场和消费者，以此树立项目形象并提升其附加值。

（一）房地产项目主题策划的基本原则

房地产项目主题策划一般要遵循的原则有两点，分别是原创性原则和领先性原则。

首先是原创性原则。一个好的房地产主题策划方案离不开创意与创新。近年来，房地产项目开发中的新技术、新材料和新理念不断出现，房地产企业要把握创新的实质，灵活运用这些"新"到房地产主题策划中，结合城市特点与项目特色，形成风格独特的房地产项目主题。

其次是领先性原则。在设计领域，创意也会偶尔发生"撞车"，一个再好的创意，如果已经被前人所使用，那么这一创意也不具备领先性。房地产企业应当有充当市场领导者的想法，通过自身项目的主题策划来引导市场方向，引领消费者需求，力求在市场中占据领先的位置。但是，领先性原则不仅要注重项目的独特性，还要有"以人为本"的思想，项目的开发理念要以消费者使用为基础。

（二）房地产项目主题策划的作用

1. 主题策划起到项目统领作用

通过主题策划，房地产项目的开发理念得以确立，并且能够有效地指导整个项目的实施，使其在建设、运营、入住等各个阶段都能够紧密结合预期目标，避免出现偏差。

2. 主题策划能突出项目优势与独特个性

近年来，房地产市场竞争日益激烈，因此每家房地产公司都应该拥有自己的独特优势，通过项目的主题策划，房地产企业可将企业的优势表现在项目主题上，从而在市场竞争中凸显自己，并得到消费者认可。通过精心设计的主题策划，房地产项目将拥有独特的个性，从而更好地吸引消费者，满足他们对具有个性特色的住宅产品的需求。

3. 主题策划能满足客户精神需求

优秀的主题策划能够将建筑文化和艺术感充分显示出来，能赋予房地产项目文化、理念与其他精神层面上的内涵，让在此居住或办公的人们获得精神上的满足与享受。

4. 主题策划能塑造企业形象、提升项目价值

在主题策划层面能够显示出房地产企业的竞争优势，能够让消费者加深对房地产企业和项目的印象，对企业形象的塑造有着重要意义。另外，现代的房地产项目都是钢筋与水泥塑造的，各房地产项目从本质上并没有太大区别，主题策划能够赋予建筑鲜明的个性与丰富的艺术内涵，这让建筑有了自己独特的"生命力"，项目的价值也得以提升。

（三）房地产项目主题策划的方法

房地产项目的主题策划一般需要结合市场需求与项目特色，然后通过实践不断总结经验并加以利用。项目的主题策划方法具体如下。

第一，以自然环境策划项目主题。每个房地产项目所处的位置都不同，房地产企业可结合周边环境来策划项目主题。如果项目所处的位置自然环境良好，可以将其当作项目的一大优势，结合此优势来策划项目主题，并在后续的市场营销环节中加以利用。

第二，以文化内涵策划项目主题。给项目赋予文化内涵是目前房地产项目主题策划常用的方法之一。房地产并不只是钢筋、混凝土所构成的建筑，房屋所能承载的属性众多，文化便是其中一项。近年来，我国大力发展文化旅游，将文化概念融入房地产项目，让房地产项目的开发经营提升为一个系统的文化工程，可以获得良好的效果，这一效果的提升在旅游城市中尤其明显。

第三，以科技概念策划项目主题。科技的发展带来社会的进步，科技概念在房地产项目策划中经常出现，这也让具有科技内涵的房地产项目逐渐成为一种时尚。以科技概念为主题策划的房地产项目往往具有独到之处，其主要体现在建筑外观设计和新材料与新技术上，建筑的功能也往往有着特别之处。

第四，结合市场与消费者需求策划项目主题。不论一个房地产项目策划的有多么独特和新颖，如果不能满足市场与消费者的需求，那也将是一个失败的项目。所以，策划项目主题时要从市场环境以及消费者的需求出发，其是房地产项目主题策划中最为稳妥的方法。以住宅项目为例，如果一个项目是舒适、安静、方便、安全、卫生的，即使没有独特的自然环境、文化内涵和科技概念，其也是一个优秀的房地产项目。

第三章　房地产项目的投融资管理

第一节　房地产项目的投资决策

一、房地产投资决策的含义理解

所谓决策，基本概念就是对一些需要处理的事情做出决定。在现实的生活、工作中，人们每天都会面对各种需要处理的事情，也会做出各种决策。人们在做出决策之前会根据自身所处的环境、条件与所面临的问题，思考如何选择才是正确的。总之，一般情况下，人们在做出决策时并不是盲目的，也不是随机性的新选择，决策是仔细思考后被最终确定的。

房地产投资活动是一项很复杂的决策工作，相比起人们在日常生活、工作中的决策活动要复杂很多。在房地产投资活动中，资金是有限的，但活动却是多种多样的，所以怎样选出最佳的投资项目和最佳的投资方案，是决策者首先要面临的问题。决策者应当全面考虑企业的现状，结合对市场的深入洞察，运用科学的分析技术，结合定性的推理与定量的评估，从中挑选出最有效的解决方案。

而选择项目，也仅是其中一步，因为决策者还需要考虑以怎样的投资方案进行投资，以使资金得到正确合理地运用。

投资者需要在房地产投资的过程中对涉及的各个环节进行决策。比如，选择投资项目、选择投资方式、统筹资金等。投资者在进行完所有的投资决策后，这些决决策最终会形成一个完整的投资方案。从另一个角度来说，投资决策的过程既是投资的过程，也是一个管理过程。

进行房地产投资决策一般需要以下几个条件。

第一，投资者必须要知道自己需要解决什么问题，要有明确的决策目标，这也是投资决策的基本要求。投资目标要具体明确，可以定量地进行描述，切忌目标模糊不清。

第二，投资决策是对不同方案进行评价和比较的过程，投资决策是在众多投资目标和方案中选择最佳的，所以投资者要有可供选择比较的方案。如果只有单一的目标和方案，那么就无法进行比较，也无法知道此项投资是否为最佳。

第三，要有科学的评价标准。投资决策是严谨的，需要以严谨认真的态度采用科学且合理的方法，决策各个目标和方案的优劣要以科学客观的评价标准为依据，评价标准应该是可以量化的。

第四，大量的真实数据为依据。除了不同的方案和科学的评价标准外，房地产投资决策还需要有大量真实的数据作为依据。房地产投资是一项复杂的工作，所涉及的信息和数据量巨大，其中难免会有一些失真和过时的数据资料，这可能会让投资者出现决策失误。所以在进行投资决策前，市场调查环节中所收集和鉴别过的数据资料就能派上用场，成为房地产投资决策的重要依据，让投资目标清晰化。

二、房地产投资决策的程序

在确定决策目标后，房地产投资决策要拟定若干决策方案，在若干决策方案中确定投资方案，最后依据确定方案来执行。

（一）确定决策目标

房地产投资决策的目的就是要在投资前确定投资目标。决策者要根据企业自身的情况，从实际出发，全面且客观地分析市场环境，在明晰企业所面临的和需要解决的关键问题的基础上，制定明确的、可量化的决策目标，一定要注意避免目标含糊不清。一般来讲，进行房地产投资都是以获得经济收益为主要目的，但有时也可能是为了占领一定的市场份额或者获得一定的社会声誉。但是，因为房地产投资涉及的金额较大，所以无论企业以何种目的进行房地产投资，都应该兼顾经济方面的收益。

（二）拟定若干决策方案

拟定若干决策方案的目的是可以对不同方案进行比较，从中选择最佳方案。在拟定决策方案时，一定要保证该方案时具备实施条件且可行的，保证其能够实现决策目标，若该方案不具备可实施条件，应当进行调整或废弃。

决策人员需要具备判断方案是否可行的能力。判断拟定的方案是否可行，要从项目的经济、技术和生产方面判断项目的可行性，从财务上判断项目的盈利能力，是否能够让投资者获得足够的经济收益。

（三）确定投资方案

在拟定若干决策方案后，决策人员要在备选方案中进行分析、比较，最终评价和选择出最佳方案。决策人员要充分考虑不同方案中的各种因素和条件，将个方案和决策目标进行详细比较，考察各方案是否能满足决策目标。同时考察各方案所存在的风险，预测选定该方案后会出现哪些问题。之后投资人员要根据决策目标分析各方案预计产生的收益如何，能给企业在经济与社会效益方面带来哪些好处，并对这两项收益进行协调，最后确定投资方案。

（四）执行决策方案

确定投资方案后企业即可开始执行决策方案。虽然在之前的环节中已经对投资方案进行了筛选与各种评估对比，但该方案是否为最佳方案，能否给企业带来预计的收益，需要在实践当中来验证。

在执行决策方案的过程中，执行人的角色十分重要，不同的执行人可能对同一决策方案有着不同的理解，这也会影响到方案执行的效果。所以，在决策过程中为了准确地执行方案中的内容，企业有必要建立起相关的检查和反馈机制，执行人要根据方案中每一阶段的检查和反馈结果修正执行过程，这样能够减少执行结果与决策期望之间的差距。

三、房地产投资决策的方法

房地产投资决策的方法大致可分为两大类，分别为定性分析法和定量分析法。

（一）定性分析方法

当遇到难以量化的决策问题时，即可使用定性分析法。可按具体情况选择经验判断法和创造工程法来解决问题。

1. 经验判断法

一般情况下，经验判断法只适用于一些简单的决策问题，这是因为该方法的判断依据主要是决策者的个人经验，对投资方案只有表面上的文字描述，缺乏深入分析与数据支撑。

2. 创造工程法

创造工程法是一种基于人类直觉、想象力、经验、创造性思维的创新技术，它可以帮助我们解决复杂的问题。一些主要的技术方法包括讨论会法、综合摄影法（synectics method）、形态分析法和主观概率法等。

畅谈会法与我们之前所了解的畅谈会是同一种形式，只是其需要专家的参与，而参加者则需要在会议中把自己的所思所想表达出来，以便大家共同探讨，相互启发，灵感迸发。其很明显的优势便是可以进行头脑风暴，调动与会者的参与性及创造性，以使大家发现问题、分析问题，最终良好地解决问题。

通过综摄法，可以把外界的现象和已有的创造性成果作为媒介，将其划分为若干个组成部分，深入探索这些组件之间的关系，从而激发出更多的创造性思维，最终实现新的想法和解决问题的目标。

形态分析的特征非常明显，即将研究对象或问题划分为几个基本组成部分，然后对其中的每一个基本组成部分进行单独的处理，分别给出不同的解决问题的方法或方案，最终构成了一个解决问题的总方案。这样就有几个解决办法，从而产生了不同的解决办法。要想知道总方案中的每一个方案是否可行，必须采用形态学方法来进行分析。

主观概率法，指的是对方案中所牵涉的不能直接用数据来统计的现象或事物，根据相关条目的运算定义，主观地对其进行等级评估，并将其等级折算成的数值。然后按照相应的步骤进行统计，从而决定了方案的优劣。该算法的优势在于可以将不确定的因子转换成可测量的、可统计的数值。但是，这样的方式会导致计划的精确度较低。

（二）定量分析方法

定量分析方法要是运用定量研究方法，并结合数理模型，对房地产开发项目进行评价。它是一种对问题进行定量分析与计算的方法，目的在于找到问题的最佳解决方案，使其具有科学性。在决策分析中常用的定量分析方法有确定型决策法、风险型决策法和不确定型决策法三类。定量分析方法要求有足够适当的数据，在对数据进行较为精确的计算和分析后做出的决策可以提高决策的科学性，使决策的结果更可信。

定量分析法对决策的要求较为苛刻，在实际操作中比较难以实现。在进行房地产开发项目时，要考虑到各种因素的影响，比如社会、消费者心理和政策等。这就需要决策者在做出决策时，要把定量与定性分析有机地联系起来，两者相互配合，相互补充，使决策更具科学性和可靠性。

1. 确定型房地产决策方法

在确定性决策中，各个方案的最终成功率都是可预测的，而且可以根据不同的指标来评估它们的投资回报。目前，最常见的确定性决策技术包括单纯选择法和模型选择法，下面对单纯选优法作简单介绍。

单纯选优法又可以分为数值比较法和比率比较法。

（1）数值比较法

数值比较法是一种评估房地产投资方案是否可行，以及评估其优劣程度的方法。其核心在于根据不同的指标，比较投资方案的效益或费用的绝对大小。这些指标包括净收益、净现值、回收期、成本现值、等额年值、等额年成本等。关于净收益、净现值和回收期在房地产财务评价中已经讲述，这里简要地介绍成本现值、等额年成本。

成本现值：成本现值法是指将计算期内每年的成本以基准收益率将成本折现为现值，按现值选择方案，即选择成本现值较低的方案作为首选方案。当多个投资方案的效益相似或项目收益难以预估时，可以采用此方法。

等额年成本：等额年成本就是将项目计算期内所有的成本现值，按照项目确定的基准收益率，换算成每年等额的成本，等额年成本小的方案为优选方案。

（2）比率比较法

比率比较法是用投资方案的收益和费用的比率来评价、比较房地产投资决策方案的优劣或者是否可行的投资决策分析方法。分析评价内部收益率、净现值率、效益费用比、差额内部收益率和差额投资收益率等都包括其中，下面简单介绍一下差额内部收益率和差额投资收益率。

差额内部收益率：差额内部收益率是两个方案各期净现金流量差额的现值之和等于零时的折现率。当决策者要将多个方案进行比较时，应将各个方案按照投资规模由大到小排列，然后再对相邻方案进行比对，从中选出最佳方案。

差额投资收益率：差额投资收益率也叫作追加收益率，即追加单位投资所带来的成本节约额。但值得注意的是，这个指标并没有考虑资金的时间价值。

2. 风险型房地产决策方法

房地产开发过程是一个漫长且复杂的过程，往往会受到多方因素的影响，故而房地产决策总是伴随着风险性，而这就要求方案决策者在确定方案前，估算好各方案在不同情况下可能发生的概率，而后为了方便进行比较，将其损益值进行量化，最终做出最优选择。可选方法主要有期望值法和决策树法。

（1）期望值法

期望值法指的是以概率论中求期望值的方法为基础，来对房地产投资方案展开决策。即在已知备选方案在不同概率下的损益值大小的情况下，对不同方案的盈亏的期望值进行对比，从而选择出期望值较大的方案作为最佳方案。

（2）决策树法

决策树又被称为决策图，是一种通过使用期望值来进行决策分析的工具，通过树状图，可以将风险投资方案未来发生的情况的可能性和可能的结果表现出来。该方法不但适用于一步决策，还适用于包含不确定性的多目标决策。此法能将不同的发展水平串联在一起进行分析，条理清晰，易于进行计算与对比。

3. 不确定型房地产决策方法

在日常工作中，由于缺乏有效的预测能力，决策者很难准确估算未来可能出现的情况及其带来的影响，因此，采用风险型房地产决策模式来评估不同的解决方案是不可能的。不确定型决策方法就是处理在这种未知状态下房地产决策方案比选的方法，主要的方法有悲观法、乐观法、折中法、后悔值法和机会均等法。

（1）悲观法

悲观法，亦称极大极小准则或瓦尔特准则，其主张在对方案进行比选时，尽可能地将方案的最坏结果估计出来，然后再从所有结果中选出最好的一个方案。具体操作方法便是估算出各方案中的最小收益值（也可以是最小净现值），然后从中选出最小收益值最大的方案作为最佳方案。

作为一种保守的决策方法，悲观法可以尽量让投资者避免损失，但同时其也会让投资者失去获得巨大回报率的机会。故而，投资者需谨慎选择。

（2）乐观法

乐观法，亦称"大中取大准则"或逆瓦尔特准则。其和悲观法的理念恰恰是背道而驰的，其主张在决策过程中，决策者应该用一种"乐观主义"的方式来进行决策，也就是从能够带来最大收益的那一种方式中，选出最优的一种。具体方法便是估算出各方案中的最大收益值（也可以是最大净现值），然后从中选出最大收益值最大的方案作为最佳方案。

（3）折中法

绝大部分的投资者都是比较理智且折中的，即往往介于极悲观和极乐观之间。因此，赫威茨提出了折中的准则，折中法也称赫威茨准则。这种方法就是将每个备选方案的最大收益与最小收益进行加权平均，再选择最大收益与最小收益的那一种备选方案。而最大盈亏与最小盈亏之比重，则取决于决策者之经验与其乐观程度。

（4）后悔值法

当决策者的判读失误且给企业带来了损失，则往往会对自己最初的决定而感到后悔，而后悔值法应运而生，即决策者构造一个用机会损失值或后悔值代替损益值的收益表。而其中的后悔值或机会损失值就是各种情况下的最大收益与其他方案的收益之差。首先，用各种状态下的最大收益减去各方案的收益值，再找出各个案的最大后悔值，在最大后悔值中选择后悔值最小的方案作为最佳方案。

（5）机会均等法

拉普拉斯准则，也称机会均等准则，是一种用于衡量决策者在决策过程中所面临的自然状态发生概率的统一标准。它假定，如果存在 n 个自然状态，那么每个状态发生的概率都是 1/n。通过风险决策方法，决策者可以最大限度地利用损益，做出明智的决策。

第二节　项目投资风险分析与应对

房地产项目开发投资是一项动态过程，需要投入巨额资金并长期开发。在立项到运营之间，项目面临各种不确定因素，如经济、政策和社会等方面的影响。这些因素可能会对项目的费用和收益状况产生影响，从而增加项目实现预期目标的风险。

经过全面的风险分析和评估，及时发现可能存在的危险，并采取有效的应急措施，是决定房地产项目成败的关键因素。此外，还需要结合实际情况，制定科学的投资策略，以确保投资回报的稳健增长。只有做到了这一步，才能够保证投资的安全与高效。

一、房地产项目风险概述

（一）风险的含义

风险无处不在，它可以预测未来的发展趋势，但也有可能带来严重的后果，甚至可能引发灾难性的后果。例如，在投资领域，风险可能会导致预期收益低于实际收益。通过对四个方面的分析，我们可以更准确地了解风险：①预测损失的可能性；②期望的收益率有多大的可能性；③期望收益与实际收益之间的差距可能会很大；④投资者可能会面临无法获得预期收益的风险。

可以看出，后两种说法是从定量的角度来解释的。例如，假如一个投资者要求 6% 的内部收益率，现在他有 A 和 B 两个投资方案，其预期内部回报率都是 13%。但由于未来因素的不确定性，A 方案的内部收益率低于 6% 的可能性为 8%，B 方案的内部收益率低于 6% 的可能性为 15%。显然，B 方案比 A 方案风险要大，因为 B 方案的内部回报率低于 6% 的可能性更大。

（二）房地产项目风险的定义理解

当房地产项目在实施过程中面临无法确定的影响其实现目标的因素时，这些因素被称作房地产项目风险。房地产项目的决策不仅受政治、经济等因素影响，同时还会受到社会、自然等方面的因素影响。因此，在房地产项目中，分析、研究、设计和计划都需要考虑到各种可能的不确定性。由于各种外部环境的变化，原定计划、方案等的执行受到了极大的挑战，甚至可能会出现不可预料的结果，从而使得原定的目标无法达成。在房地产项目中，由于各种不可预测的内部或外部影响，存在着许多风险。

可从以下几点较为全面地理解房地产项目的风险。

首先，在一定程度上，房地产项目风险受到人的行为制约，人的行为是靠决策来决定的，所以房地产项目的风险与人的决策有关。

其次，客观环境条件与项目风险的联系是不可分割的。在一定程度上，房地产项目的风险管理也是对客观环境的管理，有效的风险管理是确保房地产项目能够顺利开展的一个重要前提，而风险管理指的就是对客观环境条件进行管理，对客观状态变化的规律进行把握，并以此为基础，做出科学的预测，从而可以对房地产项目的实施进行有效的指导。

再次，房地产项目在实施过程中会受到多种因素制约，实施过程中也可能会发生各种各样的偏离，这种偏离有可能是正偏离或负偏离，能够给项目造成什么影响也往往是不确定的。因为市场与经济有着高度的复杂性，所以要在具体情况中对偏离的情况加以分析。

最后，几乎所有项目都存在着风险，有风险的项目才有实施的价值。对于任何项目来说，风险无论是机遇还是威胁，都需要认真对待。接受风险并进行有效管理，既能取得令人满意的成果，同时还能避免意外事件的发生，从而获得更加稳定的收益。实施风险管理，不仅可以降低应急费用，还能提高项目收益，并将腾出的资源用于其他任务，以更好地保证项目的顺利实施。

（三）房地产项目风险分类

房地产项目风险的分类基于不同的划分标准可分为不同的类别。

房地产项目的风险有两种：局部风险和总体风险。前者往往只涉及特定的因素，所以它们的影响范围比较有限；而后者则会对整个项目的成功造成重要的影响，它们的影响力比前者更加深远。通常来说，控制总体风险的因素是非常困难的，譬如政治及经济方面的风险。需要注意的是局部风险与总体风险是相互关联的，有时两者之间还会发生转化。

按照风险管理水平，房地产项目的风险可以划分为有效的控制措施和无效的管理措施。尽管可控风险的出现是偶然的，但是我们可以采取有效的措施来减少它的发生，比如进行分析预测、加强管理等，从而有效地控制和减少它的发生。另一类风险由于项目参与者无法影响或改变，被称为不可控风险，如自然灾害、通货膨胀等。

在房地产项目开发过程中，风险可以从投资机会的选择和决策、前期工作、建设与施工以及租售等不同阶段进行划分,以便更好地把握整体风险。因此,我们需要综合考虑各个阶段的风险,以便更好地把握整体风险。

1. 投资机会选择与决策阶段风险

在房地产开发过程中,投资机会的选择与决策是非常关键的一个环节,指的是在对全国以及当地的政治、经济、社会发展趋势进行分析的基础上,制定出与之相适应的房地产开发战略。与此同时,还要以特定的开发区域、类型、时机,以及综合市场的供求情况等经济情况为依据,来决定在什么时候与什么地点开发那种类型的房地产。风险呈现出显著的区域特征,具体表现为:由于社会和经济发展的不平衡性,各个区域的社会和经济环境都有很大的差别,这就造成了各个区域的风险因子各不相同。同时,相同的风险因子在不同地区的作用也是不一样的。所以,在房地产开发过程中,区域风险就成了一个重要的影响因素,它既受到开发地区的政治、政策环境的影响,也受到当地的社会、经济环境的影响,这是由于房地产项目的不可逆性,以及其地理位置的固定。

2. 前期工作阶段风险

在前期工作中,风险主要来源于开发成本、土地、房屋征收、融资等方面,相对于投资时机的选择与决定,此阶段风险较小。房地产开发的前期工作主要包括了对土地和工程的勘察、规划和设计等方面的内容,这些都是房地产开发的前期工作。在房屋征收和设计项目的基础上,我们需要制定合理的规划,以便进行后续的开发建设。在这个过程中,预租、预售等前期工作至关重要,因此我们需要尽快确定这些措施,包括但不限于提高租金水平、提高销售额。在此阶段,采取相应的对策,可以有效地预防和控制房地产开发的风险。

3.项目建设与施工阶段风险

房地产项目的建设和施工是房地产项目的核心，也是房地产项目按时、按质、按量完成的关键。此阶段的重点是确定监理机构，使项目施工实行专人负责，达到风险共担的目的。为了缩短工期、节约投资、提高质量，必须实施项目管理。做好房地产的预租和预售工作，尽早收回资金。受到房地产项目建设与施工阶段工作内容性质的影响，这一阶段尽管存在着很大的风险，但是也有可能会取得很大的成功，从而获得相当可观的利润率。

在项目建设与施工阶段，风险主要来自招标模式、承包方式及合同、工期及工程质量、开发成本、施工索赔、自然条件等因素。其中的某些因素可以采取相应的措施加以防范，因此，这一阶段所面临的风险要小于前期阶段，但其中存在的一些不可防范的风险因素在一定程度上又加大了项目建设与施工的难度。

4.租售阶段风险

在房地产租赁和销售阶段，我们的主要职责是通过提供合理的租金和促成交易，来提升房地产项目的价值。①确定经营策略，以便制定出租或出售的方案；②确定合理的租金或售价，以确保在销售过程中能够有效地把握市场行情；③通过开展多样化的租赁和销售活动，可以大幅提升租赁和销售的效率；④通过评估各种促销工具，我们可以找到最适合的销售方法。

在当前的市场中，销售、租赁和自然灾害都可能成为重大的风险因素。较短的销售周期在一定程度上减少了不确定因素所带来的风险，但在此阶段仍要保持一定的警惕性以抵抗某些不良因素所带来的投资风险。

二、房地产项目风险分析方法

在房地产开发过程中，投资决策是至关重要的一环，其准确性和可靠性对于房地产项目的成功与否至关重要。[①]

（一）房地产项目风险分析的内涵

1. 房地产项目风险识别、风险估计和风险评价

在做出风险决定之前，房地产项目的风险分析需要进行识别、估计、评估，以确保其可持续发展。

（1）风险识别即对风险做出认定和识别，其可靠性和准确性是影响后续环节的直接因素，同时风险识别作为风险分析的首要环节，主要内容在于确定风险及其影响因素，并在此基础上定性估计此风险所带来的后果。

（2）通过风险估计，我们可以对风险进行定量分析，并评估其可能性。此外，我们还可以对风险的影响程度和可能的变化范围进行详细的分析，为决策者提供有价值的信息。

（3）风险分析的关键环节在于风险评价。评定风险对预期目标的影响并制定相应的措施，以有效地指导决策的实施。

2. 房地产项目风险分析的一般步骤

对房地产开发进行风险分析至关重要，科学的风险分析能为房地产开发提供有效的依据。通过风险分析，可以有效地识别、估计和评估房地产开发项目的潜在风险，从而实现有效的管理与控制。风险分析的三个部分互为补充，彼此依存，构成一个完整的系统。要想有效地指导房地产项目的开发，必须从多个角度进行全面、系统的风险识别、估算和评估。

---

① 肖芳林、仇俊林：《房地产投资决策阶段风险及其防范探析》，《全国商情·理论研究》2011 年第 14 期。

（二）房地产项目风险识别

风险识别就是从系统的角度出发，对房地产项目做横向和纵向的分析，具体包括房地产项目所涉及的各个方面及整个过程，以将房地产开发风险科学分类，进而用简单的、易于理解的基本单元来简化人们对风险的认知。

1. 风险识别的流程

通过风险识别，可以从多个方面进行全面的评估，包括但不限于调查、数据收集、信息分析、专家咨询和实验证明，以便更好地满足项目管理的要求，并将其转化为可操作的风险清单。

风险清单的内容应包含编码、因素、事件及结果等，其不仅是影响风险管理质量的重要因素，同时也是后续风险管理的前提。

2. 风险识别的步骤

识别风险通常需要经历五个重要步骤：第一，确认不确定性的存在；第二，制定初步清单；第三，推断可能产生的影响；第四，建立风险分类清单；第五，编写风险目录摘要。

（1）ACK 不确定性的存在，并采取有效措施来应对它们。通过对风险因素的全面评估，以及对可能存在的不确定性的识别，我们可以有效地避免可能引发的风险。比如，承包商发现所投项目的地域有着高昂的物价，那么这一因素作为确定性的因素便不会成为项目投资过程中的风险因素，因为承包商会采取相应的措施来应对工程所在国高昂的物价。之后分析所推测的不确定性因素并确认其客观存在。

（2）生成初步清单。在分析完各种风险因素后，应将客观存在和潜在的各种风险列入初步清单中，并记录相应的分析数据。作为风险管理工作的起点，初步清单的建立不仅为后续风险管理工作奠定了基础，同时也为项目投资提供了参考数据。建立初步清单，应采用科学的研究方法对影响工期、质量、成本及投资等因素进行深入分析，以提高初步清单的参考价值。

（3）根据各种可能的风险，我们可以预测出最终的结果。根据初始清单上的各项风险因素，我们将对可能产生的影响进行全面评估，包括但不限于收益与损失、自然灾害、时间、费用以及人员伤亡等。此外，资金的财务结果应作为风险预测的重点内容。

（4）建立风险分类清单。作为风险识别中的一个重要环节，风险分类不仅可以准确地把握风险的性质，同时还能进一步认识和理解风险，在一定程度上促进风险管理目标的实现。

（5）生成风险目录摘要。通过建立风险目录摘要，我们可以将项目实施过程中的各种风险进行有效的汇总和分类，从而形成一个完整的风险印象图，并且按照风险等级进行排序；通过统一项目管理人员，可以有效地协调各方力量，共同应对项目实施过程中可能出现的各种风险。建立一个完整的风险目录摘要是进行风险识别的最后一步，它不仅能够帮助我们更全面地了解风险，还能够帮助我们更快地找出不同类型的风险，并且预测它们可能带来的后果。随着时间的推移，风险管理人员应该及时更新风险目录，以确保项目的顺利实施。

3. 风险识别方法

在房地产项目开发的各个阶段都有可能存在风险，而风险识别就是通过科学的方法分析各种风险因素。对于风险识别来说，这一过程极其复杂，一是因为风险具有隐蔽性，很难一眼发现；二是因为各种风险之间往往存在一定的相关性，导致识别过程错综复杂。因此需借助科学的方法，提高风险识别的准确性，为房地产开发提供依据。

风险识别的方法有很多，在具体的实践过程中应根据不同的问题选择相适应的识别方法。为了有效地识别房地产开发过程中的风险，我们采用了多种技术手段，包括：专家调查、筛选—监测—诊断技术、故障树分析、流程图分析、财务报表分析、风险调查、保单对照以及现场视察等。

（1）专家调查法

专家调查法，主要强调"专业"。此方法是基于专家深厚的专业理论知识和丰富的实践经验来识别风险的，以充分挖掘房地产开发过程中的各种风险因素，并判断其形成原因。此方法的优势突出与独特，即在没有足够的数据和资料的支撑下，也能精确地估计出各种潜在的风险因素。由于其准确性，专家调查法已成为风险识别的重要手段，其中头脑风暴法和德尔菲法是两种最为普遍的方法。

20世纪50年代末，美国利用德尔菲法来估算它们在遭受核武器袭击时可能面临的影响。随着"长远预测研究报告"的出版，美国兰德公司的德尔菲法得以迅速普及，从而开启了一个全新的技术预测时代。时至今日，德尔菲法不仅被应用于军事预测、人口预测、教育预测等领域，也同时在医疗保健、经营和需求领域的预测被运用，也就是说，德尔菲法的应用范围极其广泛，几乎可以涉及所有领域。此外，一些长远规划者和决策者也会使用德尔菲法开展评价、决策和规划工作。

德尔菲法是一种反馈匿名咨询方法，它通过两个主要参与者——预测组织者和被选中的专家——来实现对问题的有效解决。具体来说，德尔菲法就是通过整理、归纳和统计被选出来的专家对所要预测问题的意见，然后再匿名反馈给这些专家，获得征求意见后再集中、再反馈，一次次地整理、反馈，直至获得稳定的意见。

与一般的调查表不同，德尔菲法中使用的调查表不仅是向被调查者提出问题，同样还要向被调查者提供信息。因此德尔菲法中使用的调查表更像是专家之间思想交流的工具。

（2）筛选—监测—诊断技术

首先，我们需要仔细筛查，以确定哪些因素会对企业的发展产生重大影响，并将其划分为不同的风险等级；除了对风险的活动范围进行监控外，还应该对其影响的区域、进展以及表现形式进行全面的研究，以便更好地预测出潜在的危害并采取有效的应对措施；最终，诊断是一个深入探究房地产开发过程中的风险及其影响的重要步骤，它旨在识别并确定可能的原因，并以此为基础，对相应的结果进行审核。

古德曼认为，在运用筛选—监测—诊断技术时，一般都需要经过三个环节，即推测疑因、仔细检查和征兆鉴别，在具体的使用过程中，三个环节的顺序不同。由此可以看出，不论是筛选、监测还是诊断过程，都遵循一定的思维逻辑，在此基础上，古德曼提出了风险识别元素顺序图，以揭示筛选、监测及诊断三者之间的关系。

（3）故障树法

作为一种广泛使用的分析问题的方法，故障树法的主要原理是将复杂问题简单化，通过图解的形式将大的、难以理解的故障分解成小的、容易被认识的故障，并在此基础上分析造成此故障的原因，进而采取相对应的措施避免故障的发生。在风险识别中，故障树法同样也是将企业所面临的风险分解、细化，以便找出相关因素、排除无关因素，进而提高风险鉴别的有效性，找到企业所面临的真正风险。

运用故障树法进行风险鉴别，既有利于全面地分析故障原因，还能提高风险鉴别的直观性。因此，故障树法常被用于一些技术含量较高、直接经验较少的项目中进行风险鉴别。

（4）流程图分析法

通过流程图分析法，我们可以更好地了解公司所面临的风险，并采取相应的措施来应对这些风险。通过绘制流程图来反映企业的开发情况和开发过程，并在此基础上详细地分析流程图，揭示影响房地产开发全过程的"瓶颈"因素，进而识别出可能存在的风险。

通过建立流程图，我们可以更好地识别房地产项目的风险。这些流程图包括项目的各个阶段和步骤，帮助我们更好地分析可能存在的风险。流程图是一种常用的工具，它可以用来描述整个开发过程，分析各个阶段的工作内容，以及特定业务和部门的活动情况。

（5）财务报表分析法

财务报表中不仅体现了风险管理的各种费用，还能反映出风险所造成的损失。基于此，对项目开发进行风险识别不仅能找出公司当前所面临的风险，结合财务预算，还能发现企业未来所可能面临的风险。

当风险管理人员使用财务报表分析法来识别风险时，他们不仅需要掌握一些会计知识，如资产负债表、损益表、财务状况变化表和利润分配表，还应该具备对每个会计科目的深入研究，以便更好地了解企业的经营情况，并预测可能产生的损失。

（6）风险调查法

通过风险调查法，企业可以通过分析风险调查表来识别潜在的风险，从而采取有效的应对措施。风险调查表一般是由保险公司的专业人员编制，风险管理者可通过回答调查表中的问题进行风险估计，进而推测出企业所面临的风险因素。

风险调查法是利用调查表进行风险识别，因此对风险管理者的能力没有较高的要求，且管理成本较低，故被广泛应用于企业界中。但是风险调查表在设计时，是基于一般企业的特性，因此风险调查法对特定企业来说并不适用。

（7）保单对照法

保单对照法是基于风险调查法，将现有的保险种类与调查表相融合，形成新的表格形式，风险管理者对照此表格以确定企业除已购保险种类外存在的其他风险。

保单对照法与风险调查法的不同之处在于以下两方面：一方面，保单对照法的侧重点在于可保性的风险；另一方面，保单对照法对风险管理者的能力有着较高的要求。

（8）现场视察法

现场视察法是风险管理人员直接到企业内部实地考察，通过观察企业设施和企业活动收集相关信息，并在此基础上分析各部门所面临的风险。现场视察法能很好地弥补以上几种方法的不足，对企业风险的识别更加全面和深入。风险管理者进入施工现场，不仅能直观地了解建筑材料的保管方式和工程的进展速度等，同时还能更好地监督现场施工安全措施的执行情况。风险管理者通过视察厂房承租单位，既可以了解承租单位的经营性质，还能清晰地把握容易引发不确定风险的其他因素。由此可见，现场考察法不仅可以获得更加全面、细致的风险信息，同时还能在苗头出现之初，及时地采取制止措施和补救措施，提高了风险控制的有效性。

（三）房地产项目风险估计

房地产项目开发风险极高，识别风险并量化风险发生概率的环节，被称为房地产项目风险估计。通常情况下，预估房地产项目开发风险发生概率的方法主要有两种，一种是以实验为基础的客观概率法，另一种是以信息与经验判断为基础的主观概率法。运用统计方法计算通过试验客观产生的数据，由此得到的结果不以人的主观意志为转移。然而，房地产项目开发潜藏的风险，无法产生理想环境通过试验的方法加以确定将来可能发生的风险事件，很难借助客观概率精准分析。因此，考虑到房地产项目开发有预估风险的实际需要，邀请权威专家根据自身经验和有价值的信息，科学评估、合理判断风险事件的发生概率，正日益成为房地产项目开发风险估计的主要应用方法。

在无法获取楼盘筹建历史资料的情况下，利用主观概率法识别并估计房地产项目开发风险，已经成为估计房地产项目开发风险的常规手段。此外，房地产项目在开发过程中的投入与产出比率，可以反映房地产项目的基本特征。受各种风险因素的干扰，房地产项目开发的资金投入与效益产出比率发生变化，借此可以纠正风险评估与预测产生的数值偏差。因此，综合考虑各种风险因素可能带来的影响，估计随机投入与产出的概率分布情况，研究投入产出与风险估计之间的变动关系，是房地产项目风险评估阶段的重要任务。

（四）房地产项目风险评价

主要风险源和次要风险源对房地产项目造成的影响明显不同。使用定量与定性相结合的方法，配合风险分析技术，评价主要风险源和次要风险源对房地产项目可能造成的影响，然后，据此评估潜在风险的危害，采取相应的风险控制措施，该环节被称为房地产项目风险评价。

由于房地产项目建设工期较长，投入款项资金数额较大，又极易受到各种不确定因素的影响，所以，为了分析各种不确定因素可能造成的影响，需要对房地产项目进行风险评价。并关注它们的变化趋势。我们还需要评估我们的应对能力，以便采取有效的措施来减少这些风险带来的损失。这就是为什么我们需要进行房地产项目风险评估的主要原因。

一种常用的风险评估方法是通过调查和专家评估来确定风险水平，还可以使用层次分析法、模糊数学法、概率分析法、敏感性分析法、蒙特卡洛模拟法、CIM 模型法和故障树分析法。[①]

调查和专家打分法、概率分析法、敏感性分析法是比较常用的风险评价技术，且主要是在项目决策阶段使用。其他技术如 CIM 模型法、模糊数学法等，尽管也会应用，但适用范围比较狭窄，而形成这种现状的原因则是大多企业的风险管理软件不够灵活与成熟，其还没有能力做出如此复杂的分析。

1. 调查和专家打分法

在房地产项目的决策前期，由于缺少充足的信息，我们需要借助资深专家的智慧和经验来进行风险评估，并将他们给出的建议与我们的预期相结合，从而更好地进行后续的分析。

通过调查和专家打分法，可以快速、准确地评估项目的风险，首先需要制定一份风险调查表，将所有可能出现的风险都记录在其中，然后根据专家的经验，评估每一项风险因素的重要性，最终确定整个项目可能存在的风险，并进行综合排序。调查和专家打分法的具体操作步骤如下。

（1）确定风险因素的重要程度。风险因素重要程度越高，表示该因素对项目的影响力度越大。

（2）确定风险因素的等级分值。使用李克特量表确定风险因素的不同等级与对应分值，其中，较小级别对应 0.1 分，稍大级别对应 0.3 分，中等级别对应 0.5 分，较大级别对应 0.7 分，很大级别对应 0.9 分。

（3）确定风险因素的分数总和。将风险因素的重要程度系数，乘以风险因素的对应等级分值，可以得到风险因素的总分。总分的高低，代表了项目风险的大小。总分越低，项目风险越小。

[①]　张跃松:《房地产项目管理》，中国人民大学出版社，2010，第 6 页。

2. 概率分析法

该方法通过分析不确定性因素发生的可能性，计算在不确定性因素发生概率不同的情况下，房地产项目的营收预算结果，并借此判断房地产项目在经济收益发生浮动时，受到潜在风险因素影响的程度。

（1）概率分析的步骤

①列出可能出现的不确定性因素；②选择预估经济收益的计算指标；③分析不确定性因素的发生概率；④计算风险因素影响项目的程度。

（2）确定概率的方法

确定概率的方法有主观和客观之分。客观概率法需要以历史数据为基础，利用数据统计、数据分析和数据归纳等手段，确定房地产项目开发遇到风险因素影响的可能性。然而，房地产项目评估内部因素的变动性，导致历史统计资料根本无法满足客观概率法对海量统计数据的需求。因此，在日常的方法实践中，以经验判断为基础的主观概率法，成为分析风险因素发生概率的核心方法。

（3）以期望值法为例进行分析

以期望值法为例进行概率分析，通常包括以下七项主要步骤。

第一，将项目的收入与支出差额，作为分析有关不确定性因素的基本对象。

第二，列出所有独立互斥的可能项，预测不确定性因素的变化范围或者可能状态。

第三，主观估算不确定性因素的可能发生概率，所有概率相加总和必须等于1。

第四，计算整个项目周期内的资金投入与支出，确定支出收入比的标准差系数。

第五，利用不同年度的项目收入与支出差额，预测整个项目的寿命周期。项目的收入与支出差额，可以近似反映出不同年度项目承受风险的大小程度。然而，由于收入与支出差额的期望值，能够影响支出收入比的标准差系数，当两者的变动方向基本相同时，以支出收入比的标准差系数大小，评估项目风险承受能力的高低，得到的结论并不准确。因此，要消除项目收入与支出差额对项目收入与支出差额期望值的影响，就必须预测整个项目的寿命周期，并据此确定投资方案。在期望值相同的情况下，应该选择标准差系数小的方案；当标准差系数相同时，应该选择期望值较大的方案。

第六，当项目的资金投入大于支出时，说明项目承担风险的可能性比较小。资金投入高于支出的部分数值越大，说明项目承担风险的可能性越小。

第七，综合评价上述分析结果，说明项目的可行性与风险发生的概率，以做出最优选择。

3.敏感性分析法

（1）敏感性分析的含义

影响房地产项目的不可控因素很多，原材料的成本价格、贷款利率和施工周期等不确定因素发生变动，都会导致房地产项目经济效益的改变。如果变化微小的影响因素，可以造成房地产项目经济效益的显著改变，说明房地产项目对于该因素的变动表现得非常敏感，这种分析思路被称为敏感性分析。

通过计算不确定性因素可能发生变化，影响房地产项目经济效益的情况，利用敏感性分析不确定性因素对房地产项目预期目标的干扰程度，评估项目的风险状况，衡量评估结果的可靠性，明确要素变化影响房地产项目经济效益的幅度与范围，是敏感性分析法成为最有效、最常用方法的根本原因。

随着不确定性因素的增加，敏感性分析也会发生改变，从而形成多因素敏感性分析和单因素敏感性分析，这两种方法在房地产项目的风险评估中均有广泛的应用。

（2）敏感性分析的步骤

房地产项目敏感性分析的步骤主要包括：第一，确定评价房地产项目经济效益的分析指标。指标的选取应该充分考虑此次分析所要实现的具体目标、计算的复杂程度以及指标显示的敏感性和直观性。目前，常用的分析指标主要包括财务净现值、内部收益率和实际利润值等。第二，预测变动因素的影响范围。第三，计算在变动因素的影响下，评价指标的对应数值。第四，分析发生变动的评价指标，确定变动因素的敏感性。

（3）单因素敏感性分析和多因素敏感性分析

如果假定有多个因素存在，那么单一因素的变化会对房地产项目的经济效益产生重大影响，这种方法被称为单因素敏感性分析，它是确定项目风险大小的基本方法。

当发生变动的不确定性因素包括两个甚至两个以上时，由此衡量变动因素影响房地产项目经济效益和评价指标的方法，被称为多因素敏感性分析。这种情况与实际更吻合，因而更具备实用价值。

以单因素敏感性分析为基础的多因素敏感性分析，在分析原理方面，与单因素敏感性分析并无差异。根据多因素敏感性分析，即使在多种因素共存的情况下，它们的影响仍然可以被观察到，并且其变化的可能性也会保持一致，因此，这种分析方法比单因素敏感性分析更加精准、可靠。

（4）三项预测值法

三项预测值法是一种多因素敏感性分析方法，它可以有效地帮助投资规模较大的发展工程，其操作原则和基本思想简单易懂，可以有效地提高工程效率。三项预测值法是一种用于评估房地产开发项目收益受变动因素影响的方法，它通过计算三个预测值：最悲观、最乐观和最可能，并将它们之间的关系进行比较，以确定变动因素对项目收益的影响程度。

三、房地产项目风险防范与控制

房地产项目的整体风险等级评价是通过对房地产开发投资风险的分析和评估得来的，其亦是让我们了解到单个风险对项目的影响程度的重要途径，而这也正为决策者选择何种方案或是采取什么风险规避策略提供了强有力的依据。

房地产项目风险规避，就是房地产企业在执行某个投资项目的过程中，对其所面临的各种不确定因素，提前采取必要的预防措施和行动，以把其所要造成的损失降到最低，且将其要带来的收益最大化。制定风险规避策略时，要综合考虑多方因素，如房地产投资企业内部的各种现状、市场等外部环境以及可利用的资源等。

（一）房地产项目风险防范的基本方法

1. 风险规避

房地产项目的风险规避是一种在对风险进行识别、估计和评价之后，为了避免风险源或者改变项目的目标和行动计划，而采取的一种规避风险的策略。[①] 风险规避虽说是一种力度最大、程度最彻底的风险防范方法，可以消除风险，避免损失，但与此同时也放弃了可能带来的收益，所以其归根结底是一种消极的风险规避方法。

风险规避的适应情况主要分为两种：一是某种特定的风险发生的可能性

---

① 张跃松：《房地产项目管理》，中国人民大学出版社，2010，第6页。

及其造成的损失是显著的，且其后果不能够被转移或是分散的；二是没有其他合适的风险处理方法或其处理成本会高出其带来的效益。常用的风险规避方法有两种。（1）直接放弃或停止有风险损失的开发活动。比如，通过风险投资研究发现，某个开发时间点的风险比较大，那就可以直接放弃此时间点来进行开发，或者直接取消某个开发项目。（2）改变房地产开发活动的性质、区位或开发方式。比如，在投资决策阶段，房地产企业通过多方研究发现，某地界进行商业开发的风险比较大，为避免损失，进而将其转向住宅物业开发，即开发商可以通过改变开发性质来避开项目风险。

一般情况下，风险规避措施是否实施以及实施哪个方案早已在项目的投资决策阶段决定了，而其风险规避范围是决策者参考范围之一。

2. 风险自留与利用

高回报往往伴随着高风险，过分重视规避，往往会错失很多获利的良机。因此，采取风险自留与风险利用的防范策略可以让开发项目获得较高的收益。

"风险自留"意味着在房地产项目中，各方必须独立承担可能造成的损失，并为此进行充分的准备。

其实，大多数风险在房地产项目的整个生命周期内发生的概率非常低，其所造成的损失也比较低，因此，采取风险规避、分散或转移的方法都很难起到应有的作用。所以，项目参与方需要冒一些风险，才有可能得到更高的回报。而这并不代表消极，因为其是以充分的内外部环境分析、市场调研和预测为基础，对项目的风险有足够的认知，以达到对风险可能造成的损失有比较准确的评估。如果房地产公司选择了风险保护措施，那么它必须确保风险与收益相匹配。同时，这种措施会导致公司承受的损失应该在公司的可接受范围内。因此，在选择这种措施之前，决策者应该充分了解相关的风险信息。

通过深入的研究，风险管理者需要从识别风险的角度出发，结合实际情况，综合考虑其可利用性及其价值，以实现最佳的风险控制效果；当我们做出决定时，我们不仅需要把握机会，还需要根据我们的能力来制定适当的战略。

3. 风险转移

通过风险转移，投资者可以把可能造成的损失转嫁到具有相应经济利益的一方，从而实现财务上的可持续发展。在房地产行业中，风险转移被广泛应用。房地产企业常常利用风险转移来处理风险。

采取风险转移的措施，可以通过签订合约或协议，将潜在的损失转嫁给第三方。这种方式适用于一些发生概率较小但损失较大或难以控制的风险。通过将风险损失转嫁给他人承担，可以有效降低企业的风险承担能力，保护企业的经济利益。需要注意的是，风险转移并不是中止开发活动，而是将风险损失转嫁给他人承担。因此，在实施风险转移时，企业需要考虑合适的风险转移途径，以便在发生风险时能够及时有效地处理。

风险转移的途径包括合同、资金证券化、保险、保证等。其中，合同是最常见的风险转移方式，通过签订合同来明确各方之间的权利和义务，将损失转移给另一方承担。资金证券化是将资产转化为证券，通过证券市场向外部投资者转移风险。保险作为一种重要的风险管理工具，可以帮助企业有效地降低风险，而保证则是一种更加安全、有效的风险转移手段，它能够为企业提供更多的担保。

总之，风险转移是一种重要的风险处理方式，在房地产行业中得到广泛应用。企业应该选取合适的风险转移途径，以便在发生风险时能够及时有效地处理。

4. 风险监控

在任何项目中，风险管理都是至关重要的一环。采用有效的风险管控措施，虽然有助于降低项目的失败率，但仍然无法彻底消除潜在的危机。监控风险的主要目的是评估风险控制措施的效果，包括①评估其有效性；②及时识别和评估新的风险因素，以确保安全可持续发展；③对残余风险的变化和程度进行持续监测和评估；④监测潜在风险的变化，并及时发现项目风险的迹象；⑤提供适当的时机和依据来制定风险应对计划。

综合来看，风险监控是项目管理中不可或缺的一部分。通过对控制措施的评估、发现新风险、跟踪残余风险、监控潜在风险、提供应急措施等方面的监控，可以有效地减少项目失败的风险，确保项目的顺利实施。

（二）房地产项目风险控制

通过有效地管理风险，企业能够有效地提升企业的竞争力，并且能够有效地避免或减少可能发生的损失。风险控制可分为风险损失预防和风险抑制。

1. 风险损失预防

风险损失预防，就是在风险还没有发生时，采取手段和方法来减少或消除可能带来风险的因素。房地产企业在预防风险方面可以建立一个高水平、多专业的开发团队，这个团队需要包括经验丰富的规划师、建筑师、市场营销专家、法务专家等多个领域的专业人才。这样的团队可以为开发项目提供全面的规划和指导，并且能够及时发现和解决潜在的风险问题。

健全风险预警系统，建立风险管理责任机制。在房地产开发过程中，风险预警系统和风险管理责任机制是非常重要的。这些机制可以及时发现和解决潜在的风险问题，确保项目的安全和可持续性发展。同时，这些机制也需要得到团队成员的全面支持和配合，才能真正发挥作用。

土地管理部门是房地产开发不可或缺的合作伙伴。与土地管理部门做好沟通，了解土地的自然属性，掌握土地规划，征地、房屋征收以及补偿安置等问题要处理好。这些问题如果处理不当，可能会导致项目的停滞和延误。

加强法务审核，认真签订各项合同，可以有效减少合同出现歧义、陷阱和漏洞等情况。这样可以确保项目的正常进行，并且在项目发生纠纷时，可以有依据进行维权。

事先对房地产的消费趋向做调查、做预测，可以优化设计方案，同时要把安全的要求考虑周到，避免技术风险的发生。这样可以确保项目的质量和市场竞争力。同时，开发商还需要考虑到社会责任，确保开发项目对于当地的环境和社会有积极的贡献。

2. 风险抑制

风险抑制是一种有效的应对措施，旨在通过采取有效的措施来减少风险事件发生时可能造成的损失，以及阻止其进一步扩大或蔓延。风险抑制的方法有很多，例如建立一个及时准确的预警预报系统，制定详细的风险应急计划，并采取必要的费用、进度和技术等后备措施。

3. 房地产企业对项目风险的控制

（1）投资决策阶段的风险控制

风险因素对于投资者来说无疑是一个极其重大的挑战，它既可能会对投资者产生巨大的影响，也可能会对项目的成功产生深远的影响。因此，要把握好如下几个方面。

第一，为保证投资决策的正确性，应高度重视可行性研究。作为房地产开发企业，务必要组建一支多学科、高水平的开发队伍，要把房地产市场的调研工作夯实，要充分掌握对投资项目产生影响的一切因素，如经济、政治、社会和环境资料因素等，同时要分析这些影响因素，构建一个庞大的信息系统，做好项目的可行性研究，进一步借助科学手段做出预测，准确地做好项目定位、投资的项目类型以及区位和开发时机等工作，这样才能把房地产投资开发的盲目性大大降低。

第二，通过加强市场监管，我们可以更好地促进决策的科学化。由于房地产开发具有极高的风险，供应弹性极低，并且容易导致泡沫经济的出现。因此，房地产公司需要加强对其业务的宏观指导，并在各个区域建立完善的房地产景气分析监测系统，并制定定期的房地产市场分析报告；应当全力以赴地开展住房金融的研究，以期更好地解决住房金融的变革和发展的挑战。此外，为了让投资决策更具有科学性和前瞻性，房地产企业还要经常分析一些重要问题，如楼市的价格和政策的走势、项目建设的销售数量和消费的需求变化等。

第三，为了间接减少风险，应采取房产保险的方式。在投资房地产项目期间，每个环节都充满了风险，甚至会产生无法挽回的损失。通过采取房产保险转移风险的方式必不可少，因为这样能把很多无法确定的、潜在损失较大的风险变成可确定的、损失较小的风险（保险费支出）。遇到风险时，房产保险能减少自己的损失程度，是因为它把自身无法承受的风险转嫁给其他的经济单位（保险公司）来承担。

第四，风险管理意识不能少。风险管理工程非常复杂，房地产企业想要做到对风险的有效控制，加强对风险的防范，就要树立好正确的风险管理意识、增强学习房地产开发风险管理理论的力度、要高度关注风险的防范与控制，只有做到时刻警惕着，才能做到防患于未然。

（2）土地获取阶段的风险控制

在获得土地以前，为了能决定对某个项目的选择或放弃，企业必须认真仔细地确认好土地的自然属性、社会属性和使用属性。在征地期间，为了化解各类风险因素、把来自各地的干扰降到最低，企业应努力获取相关部门和群众的支持、理解与帮助；在处理房屋征收及补偿安置的问题上，为了防止发生矛盾，企业不仅要有自己的原则，还要注意灵活性。

（3）项目建设阶段的风险控制

安全意识要提高，事前控制和事中控制要紧密结合，用综合系统的项目管理手段让项目顺利进行；要在保证建筑质量的基础上，把建设的周期缩短，抓紧完成开发的项目，把开发商所可能面临的一切不确定性降到最低。

（4）经营管理阶段的风险控制

对于房地产投资来说，最关键的阶段便是经营管理阶段，企业的生死存亡和此阶段有着最直接的关系。在经营管理期间，房地产企业应该多加关注市场发展，清楚市场的需求是什么，运用合理灵活的定价措施，从而降低或避免因价格确立不准确引发的风险。为了有效降低由于缺乏有效的营销策略和经验而导致的风险，房地产企业应该利用营销代理，让他们拥有更丰富的营销经验，并采用更加灵活多样的营销方式，扩大营销渠道，将风险降至最低。销售环节结束后，房地产企业应当把物业服务做好，按时检查房地产项目的维护情况，尽早把项目存在的各大运营隐患检查出来并及时排除。

第三节　房地产项目的融资管理

一、房地产融资概述

由于房地产业的特殊性，从开发到施工再到最终销售完成，所需要的资金量可能达到数千亿元，而大多数企业无法依靠自有资金实现资金流动，因此，融资成为房地产企业必须首先考虑的重要问题。[①]

（一）金融市场认知

1. 金融与金融市场的概念

金融业是一种复杂的经济过程，包括货币流通、信贷管理和其他各种经济活动。从宏观角度来看，金融涵盖了一切以发行、存储、转移和交易为目的的经济活动。在广义上，金融可以被定义为货币的流动。金融业务涉及多个领域，包括发行货币、吸引储户、支付贷款、进行外汇买卖、出售有价证券、提供保险、信托服务、进行国内外货币结算等。

金融是一种经济活动，它涉及货币流通、信用交易和与之相关的其他经济活动。在现代经济中，金融已经成为非常重要的领域，它不仅涉及货币的流通和信用活动，也关系到了国民经济的发展和人们的生活水平。金融业务涉及各种经济活动，包括发行、储存、交易和流通信用货币，但在狭义上，它只涉及货币的流通。

金融业是一个极其复杂的领域，涉及许多不同的领域，比如：货币的流通、储蓄的吸收、借贷的运用、外汇的购买与销售、有价证券的发行与交易、保险、信托以及国内外的货币结算等。中央银行采取有效的货币政策，以调节货币供给，并实现有效的资金回流，以此促进经济的健康发展。存款的吸引与付出是银行吸收存款和支付利息的过程，而贷款的发放与回收则是银行对外提供贷款并收回本息的过程。金融与外汇的买入与卖出则涉及国际收支平衡，而有价证券的发行与转让则是公司通过股票和债券融资的过程。保险和信托则是金融领域中的重要服务，它们为人们提供了风险保障和投资管道。

---

① 郭欣：《房地产开发项目的融资成本及风险防范》，《经济研究导刊》2016 年第 11 期。

保险公司通过向客户收取保费来承担客户的风险，而信托公司则为客户提供了专业的资产管理和投资服务。国内和国际的货币结算则是金融领域中的重要环节，它关系到了跨境贸易和资本流动的顺利进行。

金融市场是一个由各种信用工具组成的交易平台，它为需求方和供给方提供了一个资金流动的渠道。这个地方提供了一个方便的渠道来进行货币兑换、发行债券和进行资金流动。金融市场是一个复杂的系统，它包含了货币、资本、外汇和黄金等多个领域，通常情况下，融资活动都是在这些市场中进行的。

2. 金融市场的功能解析

（1）融资功能。为各类资金的相互转化和融通提供场所，为资金提供者和需求者提供交易场所，将多渠道的汇集来的小型资金流汇聚成大资金池。

（2）资金调节功能。从宏观角度看，央行可以通过公开市场操作来控制货币的供应量；而从微观角度来看，金融市场可以利用资金成本（即利率）来调整市场供求的平衡状态。

（3）投资功能。投资者会依据自身的风险承受能力，来做出资金的投放决策。

（4）分散风险功能。为了更好地控制风险，投资者应该结合多种金融工具，构建一个完善的投资组合，并采取适当的措施，以最大限度地减少不确定性。

（5）信息功能。金融市场繁荣活跃，产生了海量的经济数据。这些数据能够为相关方当中的判断、预测、评估和决策提供重要的基础依据。

（二）房地产金融市场

房地产金融市场由一系列金融活动组成，包括筹资、融资和结算。这些活动对于房地产行业的发展至关重要。房地产金融市场是一个充满活力的交易平台，通过金融工具来促进房地产经济的发展，并为双方提供资金流动机会。

1. **房地产金融市场的构成**

（1）资金需求者。从事房地产经营活动的企业、个人等，通过金融机构发行金融产品融资，或直接通过借贷货币进行融资。

（2）资金供应者。房地产金融产品的发行者，或直接提供资金给需求者的企业、机构或个人。

（3）信用中介。作为资金需求者和供应者之间的桥梁，商业银行、投资银行、证券公司、财务公司、保险公司、信托公司、基金公司等都在努力为投资者提供支持。

（4）金融工具。金融工具是用于交易的，它们既可以为资金筹集者提供依据，也可以为投资者提供收益的来源。目前，常见的金融工具有债券、股票、保险单、基金和其他票据。

（5）交易场所。资金供需双方进行资金融通的交易地点，例如，银行、证券交易所、资金拆借市场等。

2. **房地产金融机构**

（1）银行。包括大型国有商业银行、大型股份制银行、以民营资本为主的城市银行、国外投资银行等。

（2）非银行金融机构。金融服务公司包括各类金融机构，如信托投资公司、保险公司、住房合作基金会、土地金融公司、公积金中心和金融租赁公司等。

二、房地产项目融资的目的与原则

　　房地产项目融资是指为了确保房地产投资顺利开展的资金融通活动。通过对项目的投资、未来的回报和权益的评估，我们可以建立一种信任关系，从而使得那些拥有闲置资金的主体可以获得贷款，并且可以获得相应的利息或者分红。[①]

　　融资方的目的是弥补投资能力不足的短板，摆脱自身资金的限制。通过借入资金，融资方可以较少的自有资金启动相对较大的项目，从而获得更大的收益。在房地产投资中，融资是非常重要的一环。因为房地产项目通常需要大量的资金投入，而融资可以提供必要的资金支持，确保项目的开展和顺利实施。

　　房地产项目融资是房地产投资中不可或缺的一环。通过融资，可以提供必要的资金支持，确保项目的开展和顺利实施。在选择融资方式和融资机构时，需要综合考虑自身的资金需求和风险承受能力，选择合适的融资方式和融资机构。同时，也需要注意风险控制和资金使用效率，确保融资的有效性和投资的收益性。

（一）房地产项目融资的目的

1. 实现项目投资开发目标和企业发展目标

　　房地产开发企业需要大量的中长期资金来投资开发新项目，这对于企业的发展至关重要。然而，项目投资者通常希望加快项目的投资开发速度和进程，这需要新的资本增量。因此，扩张性融资成了解决这一问题的重要手段。扩张性融资是指企业通过借贷、发行股票等方式来筹集资金，用于扩大企业

---

① 周小平、熊志刚：《房地产开发与经营（第2版）》，清华大学出版社，2014，第6页。

的资产规模和市场竞争能力，提高收益能力。这种融资方式通常用于开展新项目、扩大生产规模、开拓新市场等方面。然而，扩张性融资也会带来一定的风险。在实践中，企业可以通过多种方式进行扩张性融资，如发行债券、发行新股、银行贷款等。扩张性融资可以为房地产开发企业带来新的资本增量，促进企业的发展和壮大。但同时也需要注意风险控制和资本结构的合理安排，以保证企业的可持续发展。

2. 偿还债务，改善盈利能力，调整资本结构

房地产开发企业的资产和负债比例是一个不断变化的指标。进行融资有两个主要原因：一是为了更好地调整资产和负债的比例，充分利用杠杆效应，即使企业有能力偿还旧债，也会进行新的融资；二是企业的偿债能力已经不足以偿还旧债，这种情况下企业的财务状况恶化，是被迫进行融资。因此，通过融资来调整资产和负债的比例，房地产开发企业可以提高其偿债能力和盈利能力。

（二）房地产项目融资的阶段划分

房地产项目融资是指通过向投资者筹集资金来支持房地产项目的建设和开发。房地产项目融资分为五个阶段，即投资决策阶段、融资决策阶段、融资结构分析阶段、融资谈判阶段和融资执行阶段。

第一，在房地产项目融资的投资决策阶段，需要进行周密的投资决策分析。这个阶段的重点是确定项目的可行性、市场前景、收益预测、风险评估等因素。在这个阶段，需要对项目进行详细的研究和分析，以便为后续的融资决策提供可靠的基础。

第二，融资决策阶段是指在投资决策阶段确定可行性后，需要决定采用何种融资方式。这个阶段的重点是选择最具有吸引力的融资方式，以最大程

度地降低融资成本和风险。

第三，融资结构分析阶段是在融资决策阶段确定融资方式后进行的。在这个阶段，需要分析、判断和评估风险因素，以确定最优的融资结构。这个阶段的重点是确定债务和股权的比例，以及其他相关融资条件，如还款方式、利率、期限等。

第四，融资谈判阶段是在确定了融资方案后进行的。在这个阶段，需要与投资者进行谈判，以达成最终的融资协议。这个阶段的重点是确定具体的融资方式、条件和条款，并达成一致意见。

第五，融资执行阶段是在正式签署了项目融资的法律文件后进行的。在这个阶段，需要履行融资协议中的各项条款，包括资金使用、还款等。这个阶段的重点是确保融资方案的顺利实施，以实现项目的建设和开发。

综上所述，房地产项目融资是一个复杂的过程，需要经过多个阶段的分析、决策和执行。只有在每个阶段都做好充分的准备和规划，才能确保项目的顺利实施和成功运营。

三、房地产开发项目资金融资的分类

房地产开发项目资金融资的分类方式很多，具体可以按照融资主体、融资渠道和融资偿还性进行分类。其主要分类如下。

（一）按融资主体分类

房地产开发项目资金融资的分类，从融资主体看，分为房地产企业融资和房地产项目融资。房地产企业融资是指利用企业自身的经济实力进行融资，资金募集方式多种多样，包括银行贷款、债券发行、股权融资等。房地产企业融资的主要目的是为企业的经营和发展提供资金保障，以提高企业的竞争力，并在市场竞争中占据更有利的地位。

相对于房地产企业融资，房地产项目融资则更加精细化和专业化，针对具体房地产开发项目的融资方式。房地产项目融资需要考虑项目的现金流和融资成本等因素，以确保项目的运作和发展。这种方式常见于大型房地产企业，因为开发项目的投资规模较大，需要更加精细的资金规划和管理。

中小房地产公司常采用项目融资模式，这是因为这些公司的规模较小，自身资金实力不足以支撑大规模的房地产项目开发。因此，他们需要在项目融资方面寻找更加灵活和个性化的融资方式，以满足项目开发的资金需求。

总之，房地产企业和房地产项目融资是两种不同的资金融资方式，各有其优劣和适用范围。对于不同的房地产企业和开发项目，应根据自身的实际情况和发展需求，选择最合适的融资方式，以确保项目的成功运作和发展。

（二）按融资渠道分类

房地产开发项目资金融资的分类，从融资渠道看，分为直接融资和间接融资。直接融资是指房地产公司直接面向社会进行的融资，主要通过发行股票和债券来筹集资金。这种方式相对较为直接，能够更有效地满足企业的资金需求。然而，内部直接融资适用于企业资金需求量较小时，如果企业需要大量资金，就需要进行间接融资。"间接融资"是一种特殊形式的融资方式，它涉及多个方面，包括银行、企业和政府等。这些方面都可以为企业提供融资服务，帮助企业实现财务增长。在这种情况下，银行既可以作为代理人，也可以作为主要参与者，为企业提供贷款和投资支持。

在实际操作中，房地产开发项目通常采用混合融资方式，即同时采用直接融资和间接融资。这种方式能够更好地平衡企业的资金需求和投融资市场的供求关系，同时减少企业的融资成本。在选择具体的融资方式时，企业需要根据自身的实际情况做出具体的决策。同时，企业也需要注意融资风险，尽可能减少融资的风险，确保项目的顺利进行。

（三）按融资偿还性分类

房地产开发项目资金融资的分类，从资金偿还特性看，分为权益融资和债务融资。

权益融资是指通过发行股票或内部融资的方式直接筹集资金，这样就可以构成项目的自有资金。这种方式对于房地产企业而言是比较常见的，因为它可以降低企业的财务风险，提高企业的资产负债比，从而更好地满足市场需求。

债务融资是指投资者通过信用方式取得资金，按照预先规定的利率支付报酬的一种融资方式。[①] 这种方式的所有权虽然不会发生变化，但是融资者必须按期支付利息。债务融资可以通过向银行贷款、发行企业债券、商业信用融资等方式实现。这种方式对于房地产企业而言，不但能提高其资本结构，而且还可以降低其融资成本，最终使得项目的建设能被更好地推进，可谓一举三得。

一般来说，房地产企业在进行资金融资时，会根据项目的实际情况选择不同的融资方式。如果项目的规模比较大，需要较多的资金支持，那么债务融资就是比较好的选择。如果项目的规模比较小，需要的资金较少，那么权益融资就是比较好的选择。

---

① 　刘雷、冯斌、于国安等：《房地产开发与经营》，化学工业出版社，2013，第 9 页。

四、房地产项目融资的利益主体

因为房地产项目融资涉及的因素复杂，所以参与融资的利益相关者相较于传统融资更丰富。主要包括投资项目的人、项目运营公司、负责融资的金融机构、购买项目产品的人、项目供应商、项目融资顾问、律师事务所以及保险公司等。

（一）项目投资者

参投项目的投资者在提供了部分股本资金后，通常，我们需要通过直接或间接的途径为项目公司提供信用支持。考虑到基础设施和公共项目的高投资、高回报和高风险特点，一般来说，由最高资信者、受益者、多家投资集团、政府机构和私营企业组成的联合体，可以发起项目，以实现其目标。

（二）项目公司

成立项目公司意味着直接参与项目策划、建设和管理，并负责债务偿还等法律责任。这一法律实体在整个项目开展中有着至关重要的作用，总结为四个方面：一是将项目资产的所有权全部归属于项目公司；二是通过项目公司集中和限制项目融资的风险，从而使得项目公司按照其资产负债承担有限责任；三是通过吸引其他投资者，使得项目公司能够发挥最大的价值；四是它既可以作为一个实体，拥有必要的生产技术、管理能力和专业人才，又可以仅仅作为一个法律实体，由经验丰富的管理公司负责项目运作。

（三）项目金融机构

一般来说，金融机构主要包括商业银行、金融资产管理公司、租赁公司、信托投资公司及信托机构等。

商业银行是人们最为熟知的金融机构，它的主要业务是经营贷款，同时，商业银行还承担着保护储户的资金安全的首要职责。

金融资产管理公司是专门收购国有独资商业银行不良贷款的非银行金融机构，它们通过收购不良贷款来化解商业银行的坏账问题，从而减少商业银行的风险。

国际金融机构则是全球性金融机构，主要包括世界银行及其下属的国际金融公司，以及地区性开发银行。这些机构的主要目的是为了支持发展中国家的经济发展和减少全球贫困。

租赁公司则是一种特殊的金融机构，它可以通过租赁方式为项目所需设备筹资。租赁公司可以独立经营，也可以附属于大银行或金融公司。它们的主要业务是向企业提供各种设备租赁业务，如车辆、机器设备等。

信托投资公司、银行信贷和保险机构都是如今金融行业中至关重要的组成部分。它们的主要业务包括托管资金和财产、代管资产、提供金融租赁、提供经济咨询和进行投资等。信托公司通常通过信托计划来作为受托人的身份进行项目融资，它们会从市场中募集信托资金，并将资金用于向项目发放信托贷款。

（四）项目产品的购买者

在进行房地产项目融资过程中，购买项目产品的人扮演着至关重要的角色。他们对于项目建成后的现金流量稳定性有着决定性的影响。通常，销售协议会事先与购买者签订，以确保长期销售计划的实施。这些销售协议形成的未来稳定现金流，是银行融资的信用基础。项目发起人、相关政府机构以及对项目产品有兴趣的独立第三方都可以扮演产品购买者的角色。

（五）项目供应商

供应商在房地产项目建设中充当着十分重要的角色，其保障着项目能否按期竣工。供应商包括了设备供应商、能源供应商和材料供应商。供应商通过低息优惠、延期付款、出口信贷的安排，构成项目资金的一个重要来源。

（六）项目融资顾问

融资顾问通常由投资银行、财务公司或商业银行融资部门来担任。他们为货币资金需求者提供协助，为项目融资提供建议。对于那些没有经验或资源来管理自己的融资过程的企业来说，融资顾问可以发挥重要的作用。

专业融资顾问包括财务与金融顾问、技术顾问、法律顾问、保险顾问及会计税务顾问等。这些人在不同方面具有专业知识和技能，以帮助企业制定最佳的融资计划和策略。在项目融资过程中，融资顾问负责撰写项目报告，提供经济可行性分析的依据。这些报告包括项目的目的、市场潜力、竞争情况、关键成功因素等。融资顾问还会列出重要因素的数据，并简要介绍每一个项目发起方的情况。这些信息可以帮助投资者做出明智的投资决策。融资顾问还协助客户确定融资结构和融资方式，并与投资者协商融资条款。他们可以帮助企业与投资者建立信任关系，促进交易的顺利进行。

另外，融资顾问还能够提供市场情报和分析，以帮助客户了解市场趋势和竞争环境。他们还可以提供战略咨询，帮助企业制定长期规划，以确保企业在未来能够保持健康的财务状况。

（七）律师事务所

律师事务所在金融市场中扮演着至关重要的角色。作为法律专业人士，他们能够为客户提供全面的法律服务，包括审核契约文件、公司行为的合法性和证券公司的合规性等。

律师事务所的主要业务包括：公司注册登记时审定文件合法性并提出法律意见、协助制作和审定证券发行文件、协助企业并购、重组或资产证券化过程中策划和审定文件、担任公司的法律顾问、提供法律咨询意见和培训法律工作人员等。这些服务不仅能够帮助客户保证其行为的合法性，还能够帮助客户规避潜在的法律风险，并在需要时提供必要的法律支持。

律师事务所的服务是基于相关法律规定的，需要站在公正的立场上提供服务。因此，律师事务所在处理客户的事务时必须秉持客观公正、不偏不倚的原则。他们需要熟知相关法律法规和政策，并在法律框架内为客户提供合法的法律建议。

（八）保险公司

保险公司是一类专门从事保险业务的金融机构，通常会投资大量资金。在一些经济繁荣的国家，保险业发展迅速，各种保险公司成为了非银行金融机构的重要组成部分。它们是金融市场上重要的投资者和交易主体。保险公司一般有两种类型：人寿保险公司和财产与灾害保险公司。

五、房地产项目的融资方式

（一）传统的房地产融资方式

1. 银行信贷

房地产开发类贷款针对的是房地产开发企业，用于支持其房屋建造、土地开发等需要用到的本、外币贷款，包括流动资金和房地产开发方面的贷款。

但是，申请此类贷款有一些必须满足的条件。项目的工程预算和施工计划必须符合国家和当地政府的有关规定，并且工程预算总投资应能满足项目中的不可预测因素和通货膨胀等因素可能造成的追加预算需求。

（1）房地产开发贷款的申请条件

①必须是由房地产主管部门批准成立、在工商部门注册并取得法人营业执照，以及获得了房地产开发资质等级证书的房地产开发企业。

②已获得当地人民银行颁发的有效贷款证，在申请银行开立账户时，有的银行会要求申请企业在该行有一定量的存款和结算业务。

③开发项目与其资质等级相符。

④项目开发手续齐全、完整、真实、有效，应取得土地使用权证、建设用地规划许可证、施工许可证，按规定缴纳土地出让金。

⑤项目的实际功能与规划用途相符，能有效地满足当地市场的需求，有良好的市场租售前景。

⑥项目的工程预算、施工计划符合国家和当地政府的有关规定，工程预算总投资能满足项目完工前由于通货膨胀及不可预测等因素追加预算的需要。

⑦贷款用途符合国家有关法规政策。

⑧贷款用途要符合国家相关的法规政策，项目的资本金必须达到国家政

策要求，并且在银行贷款到位之前必须投入到项目建设中。

⑨申请企业必须提供有效的抵押质押或资信高的保证担保。

（2）房地产开发贷款的申请材料

房地产开发贷款的申请材料包括基本材料、贷款项目材料和担保材料。

基本材料指的是企业的基础证件，比如营业执照、税务登记证、公司章程、贷款卡，以及相关的财务报表和审计报告、董事会决议等。

贷款项目材料则包括了贷款项目所需的各种证明文件，包括土地使用权属文件、规划批准文件、工程总承包合同、项目总投资测算及建筑资金缺口证明、项目可行性报告、开发项目现金流量预测表及营销计划等。[①]

担保材料分为三种：保证、抵押和质押。如果采用保证方式，还需要提供还款保证人的资信证实材料。而如果采用抵押或质押方式，则必须提供抵/质押物清单、评估报告、保险单、权属证件、同意抵（质）押承诺函等相关材料。

（3）房地产开发贷款的申请程序

①客户提出贷款申请，需要填写借款申请书并提交相关材料。这些材料包括项目的可行性研究报告和批准文件、年度投资计划、初步设计及其批准文件、土地使用权证、建设用地规划许可证、建设工程规划许可证以及建设工程开工证等。

②贷前调查和评估，银行的调查人员会对投资的房地产项目进行调查、评估和预测，来测定贷款的风险程度。他们会考虑许多因素，如项目是否符合国家政策等，然后提出建议，包括是否应该贷款、贷款金额、期限、利率和担保方式等。

③银行审查人员对调查人员提供的调查报告、评估报告和所依据的资料、

---

① 黄湘红、刘东、代靖怡等：《房地产开发与经营》，中国建材工业出版社，2014，第8页。

文件进行审查核实，并提出审查意见。

④在调查审查的基础上，由银行审批贷款。审批权限按中长期贷款授权规定进行。

⑤各相关方签署所有相关法律性文件，包括借款合同和相关担保合同。

⑥根据事先达成的协议，需要执行担保条款并且完善相应的担保程序。如果涉及担保条件，则需要各方办理抵押登记、质押交付或登记等相关担保手续。如果需要公证，则需要履行公证手续。

⑦手续办结后，银行向客户办理贷款并发放。

⑧客户按照约定用途和资金支用计划使用资金，并接受银行监督。

⑨客户按照约定及时分期或一次性地足额偿还贷款。

2. 发行股票

首次公开发行股票：股票的首次公开发行被称为 IPO（Initial Public Offering），也就是公司股票初次出售给社会公众。完成 IPO 的股份有限公司就成为上市公司。

（1）股票发行的参与主体

发行者：政府、企业和金融机构。

投资者：认购股票的个人和机构。

中介机构：证券承销商、会计师事务所、律师事务所等。

（2）股票发行分类

按照发行的主体不同分为公开发行、私募发行。

按照发行有无中介分为直接发行、间接发行。

按照股票发行的次数分为首次公开发行和经营过程中重新发行股票，也称增资发行。

3. 发行债券

发行债券旨在通过合理的融资渠道，满足投资者的财务需求，并且符合相关法律要求，从而实现对投资者的财务保障。

（1）债券发行的方式

①私募发行。私募发行是指向某些特定的投资者发售证券，而不是向所有人公开发售。通常，发行对象可以分为两类：机构投资者和个人投资者。与公开发售不同，私募发行通常直接销售给发行对象，避免证券发行的中介机构，并且不需要向证券管理部门提交注册手续，这可以节省承销费用和注册费用，手续也较为方便。但是，私募证券不能公开交易和公开上市，因此流动性比较差。另外，私募证券的利率通常高于公开发售的证券，而且发行量相对较小。

②公募发行。公募发行是将债券向广泛的投资者公开发行的过程，需要进行注册手续。公募发行通常规模较大，需要中介机构如证券公司进行承销，在信用较高、可以上市交易的情况下，发行利率相对较低。公募发行采取的销售方式包括代销、余额包销和全额包销三种，其中全额包销是承销商承担全部发行风险，能保证发行者筹集所需资金的最佳方式，但是包销费用则是三种方式中最高的。

（2）公司债券公募发行的程序

公司债券的公开发行流程与上市公司发行股票的流程基本相似。流程包括进行全面的尽职调查，制定发行方案的董事会会议，股东大会决议，编写并提交募集说明和发行申请文件，审核申请材料以及最终发行债券。在董事会制定的方案中，一些关键内容必须提交给股东大会进行决议，例如发行债券的数量，向公司股东配售的安排，债券期限，募集资金用途，决议的有效期，对董事会的授权事项以及其他需要明确的事项。

（二）创新的房地产融资方式

1. 房地产信托

信托是一种权利和财产的委托关系，委托人相信受托人（通常是信托公司）可以按照其指示管理和处置其财产。信托公司利用其专业知识和信誉，通过发行信托计划吸收资金和资产，然后以债权、股权或产权等方式支持房地产项目并通过这些投资获取回报，从而为委托人创造收益。房地产信托基本上包括资金信托和财产信托，而目前最主要的方式是资金信托。

（1）房地产信托的分类

房地产信托根据委托人数量分为集合资金信托和单一资金信托。

集合信托：两个及以上的委托人。

单一信托：每个信托计划只有一个委托人。

（2）房地产信托融资条件

一般来说，房地产信托融资的项目和公司需要满足以下条件。第一，这个房地产开发公司在中国合法存续并且具备开发资质。第二，大股东和实际控制人需要拥有良好的房地产开发经验。第三，项目公司、大股东和实际控制人都应该保持信誉度，没有不良征信记录。第四，项目公司需要有自成立以来或连续三年可靠的财务报表。第五，项目应该具有良好的盈利能力和未来的流动性，并且在融资后能够维持高度的财务安全系数。

其他要求包括：①采用股权方式进行融资时，必须考虑项目未来的再融资能力。②采用贷款方式进行融资时，项目公司和大股东必须具有二级以上开发资质、自有资金比例占35%以上，项目具有国土证、建设用地规划许可证、建设工程施工许可证，并且形象进度达到正负零以上。③采用产权收购方式进行融资时，要求项目的产权清晰，手续齐全。④对于采用两种或更多方式进行一次融资的，如采用股权加债权的夹层融资方式，需要同时考虑这些方式的要求。

（3）房地产信托融资程序

①在前期准备时，需要与信托公司联络沟通，确定信托项目并进行项目初步审查、实地尽职调查、审慎评估，以及完成监管报备等程序，并准备相应的文件及协议并进行签署。信托产品的宣传和设立涉及制作说明书和推介书，将其推介给潜在投资者。这一过程通常由信托公司直销、委托金融机构推介、第三方理财机构推介等渠道来实现。

②投后管理。对于债权类，信托公司一般会控制公司的公章和印章，由信托资金托管人（商业银行）根据指令将资金拨付给收款人。

③信托清算。信托计划到期前，信托公司与融资人提前洽商退出和报酬实现计划，如无法正常退出，信托公司向受益人充分披露信息，处置抵押物和诉讼。将审核后的清算报告送达受益人直到受托人责任免除。

（4）房地产信托常见交易结构

结构化信托与非结构化信托二者的区别在于是否存在次级委托人（劣后委托人），存在次级委托人的为结构化信托，为控制风险，特别对于融资项目处于初级阶段的，信托公司一般要求融资人以自有资金认购信托计划的次级部分（次级还可以再分为次级 A 和次级 B），或寻求担保。

2. 房地产私募基金

私募基金是一种针对特定投资对象的基金，依据《中华人民共和国证券法》，发行份额不超过 200 份的基金被视为私募。针对这些"特定对象"，其必须为"合格的投资者"，包括机构和个人两个部分。私募基金有三种组织形式，分别为契约型、合伙公司以及公司型。房地产私募基金的合伙人数目通常不超过 50 人，而且针对单笔投资有更高的要求。2010 年是房地产私募基金元年，随后不断发展。

（1）房地产私募基金类型

①金融机构主导型：以金融机构为主导的房地产私募基金，通常由信托公司、证券公司、资产管理公司、保险公司等金融机构及银行子公司设立的基金管理公司发起。它们拥有雄厚的资金筹集实力和项目拓展能力。

②房地产开发公司主导型：此类房地产私募基金一般由房地产开发企业设立，根据其投资方向可以分为两类：一类是基于自身融资需要设立的基金管理公司，其实质是母公司的融资平台，募集资金用于母公司项目开发；另一类是房地产企业向财务投资人角色转变，募集资金向自身以外的项目进行投资。

③专业机构主导型：私募基金的发展趋势是以专业机构为主导，这些机构拥有丰富的房地产投资、运营和管理经验，并且在人才方面拥有显著的优势。这些私募基金通常是由第三方财富管理机构或拥有国际金融支持的专业机构设立的。

（2）房地产私募基金常见交易结构

①有限合伙。"GP"和"LP"是一种独特的合伙经营组织形式，前者由一名或多名普通合伙人共同组成，负责日常经营，并承担无限连带责任，而后者则不承担任何责任，只负责有限的管理。"康孟达契约"是有限合伙制度的开端，随后德国、英国和美国都在自己的法律中明确规定了这一制度。此外，法国的"隐名合伙"也与有限合伙制度有着相似的特点。

通过有限合伙的责任承担模式和灵活的利润分配方式，房地产行业得以扩大投融资渠道。然而，由于国家采取了一系列针对房地产市场的紧缩性宏观调控政策，目前的房地产开发企业都面临着资金短缺的困难。随着房地产市场的火爆，许多人都想要投资这一领域，但由于缺乏相关的投资经验和渠道，他们很难实现这一目标。另外，一些具备投资经验和渠道的投资管理者也面临着资金短缺的困境，他们也无法采取任何行动。通过有限合伙制，LP 可以承担有限的责任，从而有效降低投资风险，并且 GP 可以从中获取资金，以便在收益较高且稳定的房地产市场上投资，从而获得更多的收益。此外，有限合伙制还可以提供灵活的利润分配机制，以满足各方的需求；随着投资基金的支持，资金链的连接得以重新建立，这是一个房地产开发企业、社会投资者和专业投资管理者共同受益的结果，可以说是一个三赢的局面。

② TOT 结构。TOT 即信托中的信托，是 trust of trusts 的英文缩写。相对于单只私募基金，TOT 投资特点明显：第一，打破 300 万元以下 50 人的名额限制。《信托公司集合资金信托计划管理办法》规定单个信托计划的自然人人数不得超过 50 人，但单笔委托金额在 300 万元以上的自然人投资者和合格的机构投资者数量不受限制，也就是说单笔委托资金在 100 万～ 300 万元之间的个人投资者名额为 50 人。而 TOT 基金以一个机构投资者的身份加入私募证券投资，成功打破了单笔资金投资不足 300 万元的 50 人限制。第二，风险二次分解，TOT 就是架构于信托之上的信托，借助优选组合来为投资者分散单只产品风险，以争取更高的收益。母信托的业绩主要取决于其投向的目标信托的业绩和目标信托的业绩占比。

3.REITs

REITs 是一种投资信托基金，它通过发行收益凭证吸引投资者，并由专业机构管理房地产投资。投资者将获得一定比例的收益。REITs 在国际上与基金性质相同，虽然一小部分是私人募集资金，但大部分都是公开募股。REITs 既可以实行封闭式运作，也可以上市交易，它的运作模式与中国的公募基金相似，但也有所不同。

REITs 具备多重优势，尤其适合中小投资者。通过资金的"汇集"，投资者得以共享房地产行业带来的高回报；专业的管理及投资策略也将投资风险降至最低。此外，REITs 的股权可以自由转让，具有卓越的资金流动性；相较于股票，其市场价值波动较小，较为稳定。值得一提的是，REITs 经常以高于市场平均水平的利润分红，获得高回报。同时，REITs 投资策略的广泛多样性，使其能够有效分散投资风险，抵御通货膨胀等不利因素的影响。

根据投资业务的不同类型，可分为三种：权益型、抵押型和混合型。三种投资方式各有优劣，权益型是基于房屋出售的收益。抵押型是通过向房地产开发商或消费者提供贷款，以获得更高的回报。而混合型则同时经营这两种业务。

根据信托的特点，伞形合伙可以被细分为两种：一种是优秀的房地产企业集团发起设立的合伙企业，以获得合伙股权凭证（OP 单位）；另一种是以现金形式提供的伞形基金，以此来参与合伙企业的运营，从而获得未来投资的房地产资金。发起的房地产企业集团可以通过出售合伙股权凭证或以伞形基金的股份来实现资金的流动性，从而实现财务自由。此外，伞形多重合伙还可以通过投资、收购、管理等方式，实现财务自由。在这种结构中，房地产拥有者可以通过投资房地产来成为有限责任合伙人 P，从而获得更多的投资回报。伞形基金则可以作为多家经营性合伙企业的一员，提供更多的投资选择，使投资者拥有更大的灵活性。虽然两种结构在形式上有共同点，但多重合伙的灵活性更强。

4. 抵押贷款证券化

通过住房抵押贷款证券化，金融机构可以将房屋抵押贷款转换为可投资的债券，从而在资本市场上获得投资者的认可，从而实现资金的有效筹集以及资金的有效利用和经济增长，同时分散住房贷款风险，减轻金融机构的风险负担。

通过发行住房抵押贷款证券，贷款机构可以将其对借款人的全部权利转移给证券投资者，从而实现债务的转移。这种抵押担保证券的收益来源于借款人每月的偿还能力，可以为他们提供更多的财务支持。住房抵押贷款证券化只是一种资产证券化的形式。值得一提的是，这种形式的资产证券化被广泛应用。

抵押贷款证券化的常见类型如下。

（1）抵押贷款证券支持证券：以财产担保，抵押物价值是债券发行量的125%～240%，抵押集合产权仍属于发行者，定期支付利息，本金到期一次性归还。

（2）抵押贷款证券转手证券：产权转给投资者，抵押集合产权由所有证券持有人共同拥有；发行者只负责对抵押集合进行管理和服务，并接受所有权证持有人的监督。

（3）抵押贷款证券支付证券：结合前面两种证券的特点而创新出来的一种工具。持券人没有产权，但现金流要全部转手给持券人，借款人提前偿还的本金也要转手给持券人。

（4）担保式抵押契约：以抵押集合作为发行债券的担保物，发行不同期限、不同利率的债券，给投资者选择。

第四节　房地产项目的资金筹措

一、房地产开发资金筹措的原则

房地产开发资金筹措的原则主要有时机适当原则、安全性原则、经济性原则和可行性原则。具体如下。

1.时机适当原则

房地产项目在开发期间，投入的资金会根据工程的进度而逐渐增多，资金占用也会越来越多，因此，筹措的工程资金如若一步到位，在很长一段时间里会出现资金过多的情况。反之，如若跟不上工程的进度，或者工程在建期间无法筹措到资金，也会产生很严重的后果。所以，房地产在开发筹措资金期间，若想安排合理恰当的筹措时机与规模，务必要以房地产项目的投资时间与需要（年度或分期）为依据，这样才不会因为过早占用资金所导致资金的闲置，或者因为资金筹措滞后所导致房地产的开发项目无法正常进行。

2.安全性原则

房地产企业筹措资金期间，为了让企业的权益资本与债务资本之间的比例关系合理恰当，要将还债率与负债率控制在一定的区间，从而把房地产企业的财务风险降至最低，就务必要理性、综合全面地衡量项目当下的或期望的收益能力与偿债能力。按照风险的程度大小，可将安全性分成 A，B，C，D 四个等级。A 级表示风险级别最小，B 级表示风险级别相对较小，C 级表示风险级别相对较大，D级表示风险级别最大。由于A级的安全性最高，房地产企业要尽量选择A级筹措资金的方案。

3. 经济性原则

首先，房地产企业务必要按照投资的要求，用投资来决定筹资，对房地产企业筹措资金的能力要考虑周全；其次，应该把筹措资金的成本降至合理的程度，在筹集资金时，应该根据项目的财务状况，确定合理的期限、来源和用途，以确保项目的收益能够达到预期的水平；此外，还应当充分考虑投资固定资产所需的资金，以及确保项目正常运行所需的资金，以便以最优的方式筹集到足够的资金。根据综合筹资成本费用率的评估，将筹集资金的效益划分为四个级别：A级，即投入的资金最少，B级，即投入的资金相对较少，C级，即投入的资金较多，D级，即投入的资金最多。由于A级的经济性最高，房地产企业要尽量选择A级筹措资金的方案。

4. 可行性原则

在筹措资金期间，不仅要考虑到房地产企业的筹措资金能力、还款能力、经营能力和盈利能力，还要考虑到筹措资金方式的落实程度。按照筹措资金方式的落实程度，可以把筹措资金的可行性分为A、B、C、D四个等级。A级表示筹措资金的方式和所需的资金已经全部落实，B级表示筹措资金的方式和所需的资金大致能落实，C级表示筹措资金的方式和所需的资金还不确定，D级表示筹措资金的方式和所需的资金没能落实。

综上所述，在明确合理恰当的筹措资金时机与规模的基础上，房地产企业应该选择最好的筹措资金方案，即A级标准的筹措资金方案，因为此方案无论从安全性上，还是经济性与可行性上来说都是最好的。D级标准的筹措资金方案是最不好的，一般都不会被选择。

（一）房地产开发资金筹措方式

1. 动用自有资金

自有资金作为股本金，是房地产企业所投入的项目资本金。作为房地产企业赚取利润的本钱，既包括现金和其他速动资产，还包括开发商近期可回收的各种应收账款等。此外，自有资金的投入也是房地产企业承担投资风险的具体表现。

2. 争取银行贷款

银行贷款是房地产开发中主要的融资方式之一，其能够帮助房地产企业获取资金以便扩大项目规模、提高投资效益。银行贷款对于房地产企业来说是一种重要的间接融资渠道，可以帮助它们实现资金的增长。在我国的房地产开发项目中，大部分用于资金周转的资金来自银行贷款，这一比例一般超过 60%。因此，可以说房地产企业对于银行贷款的依赖程度相当大。

房地产开发企业可以通过向银行贷款来筹集资金，这是一种高效的方法。①贷款成本会较低，利息比其他筹资方式低；②手续比较简单；③借款人还可以以房地产为抵押物来担保贷款。房地产企业不仅可以选择商业银行，还可以选择信托投资公司，委托他们来代为贷款。

3. 利用证券化资金

（1）利用房地产股票筹措资金。股份制房地产企业通常会发行房地产股票来筹集资金，通常有两种股票类型：普通股和优先股。这是股份制房地产企业主要的资金来源途径之一。股票就是股份转让的凭证，房地产企业可以根据不同需要在不同时间发行不同种类的股票，以便在最短时间内获得所需的资金，从而支持其房地产开发投资项目。

（2）利用房地产债券筹措资金。房地产债券实质上是房地产商发行的借款信用凭证，比银行贷款更具灵活性和高效性。首先，房地产债券可根据投资情况灵活发行，以满足房地产企业的实际需求；其次，相比于银行贷款来说，房地产债券不会面临中途停贷或回收的风险。

4. 通过联建和参建筹资

联建和参建筹资是指通过签订协议，合作伙伴可以共同出资，用于支持特定的房地产开发项目。在本质上，这种融资方式是通过合伙人的方式实现的。通常来说，联合建设意味着多个单位共同进入一个房地产项目，并且每个单位都可以独立完成该项目的开发和运营。相比之下，个人参与则意味着个人对该项目的投资。房地产企业可联合一家或几家有经济实力的公司共同开发房地产项目，这不仅是房地产企业筹措资金的式，同时也是分散和转移开发商资金压力的有效手段。联建或参建的公司应分别承担相应的投资资金，在发挥各自优势的基础上共同实现房地产开发目标。

5. 利用外资

通过引入外资，房地产融资可以采取多种途径，包括但不限于中外合资、合作开发、外资独资开发等。根据相关数据显示，外商投资房地产的规模正在不断扩大，并且呈现出逐年上升的趋势。企业可以考虑引入外资来拓展业务，但必须谨慎对待政治因素带来的风险，因为如果遇到不可预测的意外事件就会承担巨大的损失。

6. 利用承包商垫资

房地产企业可选择一些有经济实力的承包商，在协商的基础上由承包商垫资开发房地产项目，一方面有利于减轻开发商的资金压力，另一方面也有利于承包商争取建设任务，实现双赢。

（二）房地产开发资金筹措方案选择

1. *房地产开发资金筹措方案的衡量标准*

房地产企业在筹措资金时，首先要做的就是优化资本结构与筹资决策。具体过程是房地产开发企业根据具体的情况设计多种资金筹措方案，并仔细计算和分析，以便于选择出最有利于房地产项目开发的方案，然后通过不断改进，优化方案的基本结构并最终确立方案。

第一，判断一种筹资方案是否可行的基准是将其综合筹资的成本与收益率进行比较，当收益率高于成本率时，就表明该方案是可行的。

第二，实现财务杠杆效应与财务风险之间的均衡。在规划资金筹集方案时，需要设定债务比例的合理范围，以确保实现最佳状态的财务杠杆效应和财务风险之间的平衡。当债务比例在范围内逐渐增加时，企业的总资本平均资金成本率会下降，因为负债资本的资金成本率的影响，这时企业在保持最小财务风险的同时，能够实现最优的财务杠杆效应。但如果债务比例超出范围，负债资本的资金成本率就会明显上升，从而增加企业面临的财务风险。

第三，保持最低的综合筹资成本率。为了达到最佳的融资效果，在制定融资策略时，必须充分考量各种资本类型的融资成本率以及相关的融资需求，以便有效地降低融资成本，提高融资效率。

2. *房地产开发资金筹措方案的决策程序*

通常情况下，房地产开发资金筹措方案的制定需经过以下几个步骤。

（1）基于项目的实际情况，制定投资资金使用计划表。

（2）根据公司的资金情况，借助资金使用计划表制定多个筹资方案。

（3）核算每个筹资方案的资本结构和资金成本率。

（4）根据核算结果，选择出资金成本率最低的筹措方案，并将其作为待选方案。

（5）通过财务杠杆效应核算不同筹资方案中不同的资本结构所带来的效益。

（6）通过财务比率等各项指标推测各方案所面临的风险程度。

（7）判定待选方案的可行性。

（8）如果待选方案满足可行性研究的要求，那么便可作为决策方案；如果待选方案不可行，就需要重复上述过程，在余下的方案中选出最佳的方案以作为决策方案。

第四章　房地产项目建设的管理范畴

第一节　房地产项目建设的进度管理

为更好地掌握和调整房地产项目建设进度，房地产企业需要提前制定详细计划，并监督项目建设阶段的进展情况。这项计划必须涵盖所有建设要素，包括目标、过程、周期以及相互联系。进度管理人员则需依据此计划对实际进度进行检查，及时采取措施处理可能出现的偏差以确保房地产开发项目进度目标的实现。一般而言，房地产开发项目的进度管理需要特别关注建设周期。

在工程项目管理中，进度管理是最广泛和最有影响力的。它需要计划和安排工程建设单位、设计单位、施工总包和分包单位、材料物资供应单位的人力、物力、财力的使用，同时确保这些单位最终能够实现其利益。因此，进度管理是至关重要的任务。

房地产项目有特殊的资金安排和销售的需要，所以，开发商在通常情况下不会改变开盘时间和交房时间。因此，对房地产公司来说，有效的进度管理至关重要，一方面要保证在开盘前完成主体施工，另一方面还要保证在交房前完成项目竣工验收。在具体的项目实施过程中，往往会出现前松后紧的情况，即项目建设的前期是超计划的，而项目建设的后期又会出现赶工，造成进度控制脱节，引发的后果就是工程质量得不到保障，在物业管理阶段会出现大量的问题，不仅提高了物业管理的成本，同时还影响了公司的声誉。因此，房地产公司在项目实施过程中的进度管理极其重要。

一、房地产项目进度的影响因素

房地产项目在施工阶段由于周期长、涵盖面广、工程庞大而复杂，所以影响进度的因素繁多，会面临诸多难题。为了有效地管理进度，需要全面分析和预测各种影响因素，找出目前工程进度的主要矛盾。这一做法有助于提前采取预防措施，在工程进行时采取有效的方法，以及事后进行适当的补救，以缩小实际进度和计划进度之间的差距，实现对进度的主动控制和动态管理。

影响项目开发进度的主要因素包括人为、技术、材料设备、施工机械设备、质量管理、地质气象灾害、政治经济环境等自然和社会因素以及其他不确定性因素。这些因素都可能对项目的进度产生深远的影响，因此必须对它们进行全面的分析和评估。

在施工阶段前期，影响因素主要包括前期工作不到位、城市规划多变、设计变更审批、图纸供应不及时、社会干扰、外界配合条件问题等。这些因素都会影响项目的开工时间和进度，因此必须在项目启动前进行充分的准备和规划，确保项目能够按时启动和进行。

施工阶段中期的影响因素则主要包括施工计划不周、不成熟的工艺、各单位各专业各工序间矛盾、资金问题等。这些因素都会导致项目进度的滞后和质量问题的出现，因此必须及时采取措施，加强协调和沟通，确保项目按时按质完成。

施工阶段后期的影响因素则主要包括劳动力、机器设备工具投入不足、项目组组织涣散管理不力等。这些因素都会导致项目进度的拖延和质量问题的出现，因此必须加强管理和控制，确保项目能够按时按质完成。

针对不同时期的影响因素，必须进行跟踪管理和控制，并主动配合业主协调和解决问题，才能起到积极的作用。只有全面考虑各种因素的影响，及时采取相应的措施，才能确保项目顺利进行，取得圆满成功。

二、房地产项目进度管理的内容

房地产项目进度管理的主要内容包括以下方面。

第一，跟踪检查施工进度，随时了解实际进度情况。在这一阶段，进度控制人员要做的就是深入项目施工过程，以收集作业层的进度报告，并通过多种形式掌握实际的工程进度。

第二，整理相应的进度数据。通过跟踪检查获得全面、系统的进度数据，并在此基础上整理和统计，以形成能反映实际进度的数据资料，确保为后续进度跟踪提供有效的数据参考。

第三，对比分析实际进度与计划进度，判定其是否按照计划的要求进行，以确定实际工程进度是超前还是拖后。

第四，在比较实际进度与计划进度的基础上，如果出现进度偏差，则需要进一步分析该偏差有可能造成什么样的后果，主要分析对工期和后续工作的影响。

第五，基于工期和后续工作判定是否需要做进度调整。在分析完进度偏差所造成的影响后，应根据具体的情况决定是否进行进度调整，如果偏差在允许的范围内，那么就不需要调整，如果偏差超过允许的范围，即实际进度过度超前或落后，就需要及时调整，以免影响整个房地产开发项目的建设。从工期控制角度来说，虽然进度超前是有利的，但是过度超前则会影响资源的供应和资金使用，因此，应及时调整进度以保证房地产项目顺利施工。

第六，工程进度调整。在调整工程进度时，是采取技术上、组织上还是经济上的措施就需要考虑综合因素。首先，要确定进度偏差的根源，以便有针对性地调整进度；其次，应当考虑进度调整可能带来的影响，如工程质量、安全生产和资源供应等。

技术上可采取的进度调整措施有：采用最新的施工技术，利用最新的设备，大大加快了作业的速度；不断优化施工流程，精心设计的施工工艺，大大减少了间歇时间。

组织上可采取的进度调整措施有：协调好工作，保证资源供应；改变作业施工方式，采取平行流水、立体交叉的形式以加快施工进度；组织更多的施工人数、施工队组及机械设备数量增加作业面；通过采取多班制的方法增加每天施工的时间。

经济上可采取的进度调整的措施有：通过采取经济补偿、提高奖金数额等形式提高施工作业人员的工作积极性，进而提高作业效率。

除此之外，还可从思想和精神层面教育和鼓励作业层人员，保持工作积极性，加快施工作业进度。

第七，确定进度调整措施后予以实施，在新计划实施的过程中，仍需进行上述控制过程，以保证整个工程项目顺利竣工。

三、房地产项目进度管理的措施

施工进度管理的内容，需要通过制定一系列具体的措施来组织实施。

第一，组织措施。组织措施主要包括：①落实施工进度控制的部门及具体人员，进行控制任务和管理职能的分工；②进行施工项目分解，如按项目结构、进展阶段、合同结构分解，并建立编码体系；③确定进度协调工作制度，包括各种会议举行时间、地点、内容、参加人员等；④定期组织影响进度目标实现的干扰和风险因素分析会议。①

第二，技术措施。落实施工方案的部署，最大限度地使用新技术、新工艺、新材料，优化工作之间的逻辑关系，压缩工作持续时间，加快施工进度。

第三，合同措施。合同措施主要包括选择缩短工期的承发包方式、尽可能提前施工、合同工期分析、工期延长索赔以及各项合同的合同期限与项目开发进度计划的协调等内容。

第四，经济措施。确认付款方式和时间，保证资金供应，采用奖惩手段，以确保项目工期。

第五，信息管理措施。建立进度信息收集和报告制度，定期进行计划进度与实际进度的比较，提供比较报告等。

第二节　房地产项目建设的成本管理

工程项目成本是综合考虑施工单位为完成工程项目所需的各种费用的总和。为达到预期的项目目标和时间要求，项目成本管理的目标在于通过控制成本，确保总成本不超出预算。在市场经济中，成本控制不仅局限于项目控制，还与整个项目管理以及企业管理密不可分。企业需要控制工程项目的成

---

① 林知炎：《建设工程总承包实务》，中国建筑工业出版社，2004，第8页。

本，以便获得更高的经济效益。

我国房地产行业利润丰厚的黄金时代已经悄然不复存在，近年来房地产行业的利润呈现出逐渐减少的趋势。伴随着国家房地产市场环境及住房政策的不断变化，低成本成为房地产竞争的必选之路，健全项目成本管理是提高经济效益的关键要素。[①]

一、项目成本管理的特点

项目成本管理具有以下特点。

第一，项目参与者对成本控制的积极性和主动性通常取决于他们对项目的责任形式，即责任与利益相联系。例如，合同类型不同会影响承包商的成本控制动力。

第二，成本控制必须与质量目标、效率和工作量要求相结合，才能有实际意义和作用。这意味着，成本目标必须落实到责任人身上，同时分析进度、效率和质量状况，以获得反映真实信息的成本分析。

第三，成本控制的周期应短，通常按月进行核算、对比，并应该以近期成本为主要控制目标。管理者应该充分认识到成本超支的影响和后果，并在控制中采取措施，以牺牲其他项目目标为代价来弥补成本超支的损失。

二、项目成本管理的主要内容

施工阶段的成本控制主要涵盖对施工图预算和建筑安装工程费用的管理。在这个阶段，虽然节约成本的可能性不大，但是浪费的风险却很高，因此需

[①]　丁雪：《关于房地产建设项目开发全过程成本管理的探讨》，《中国民商》2022 年第 5 期。

要高度重视成本控制。

第一，加强对施工方案的技术性和经济性进行比较。科学合理的施工方案，可在保证工程质量的前提下，缩短工期，提高经济效益，使项目运营更加成功。为此，应该从技术和经济两方面评估施工方案，进行定性和定量分析。而通过对质量、工期和造价三方面指标的比较，可以合理运用资源，让经济效益最大化。

第二，对工程现场签证手续严格把关。为了有效地实施工程监理制度，必须建立一个专业的团队来负责管理，由专业人员进行工程实施的专业化管理。这样做的原因是，以往的工程管理人员往往只关心签证，而并不注重经济账，这会导致工程投资失控等严重后果。除了对工程计量的详尽检验，还必须对付款账单进行全面的审核，以确保经费的合理使用，其中包括但不限于停止施工、调整劳动力、替换原材料、确认价格等。所有的签证都必须符合相关的规范。为了保证变更签证的真实性、合理性和经济性，应该采用建设方、监理方和施工方代表现场联合签字的方式，以避免弄虚作假和可能导致的纠纷。

第三，制定成本控制重点。了解设计图纸和设计要求，重点关注造价变化大的部分和环节，采取措施进行成本控制。此外，房地产开发企业也需对工程预算和材料/设备采购环节进行成本控制。在施工环节，要特别留意费用上涨因各种变化而带来的影响，并合理支付材料和工程款。

第四，对工程变更实行严格控制。所谓工程变更，即项目施工过程中由于一些意料之外的情况导致工程进展与原规划有较大区别，需采取措施作相应调整。这种变更通常与额外的费用损失有关，因此需要进行技术经济比较和合理性预测分析，以控制设计变更的数量。同时要做好施工记录，保存各种文件图纸以及施工变更图纸，以备索赔时使用。

三、成本超支与成本降低

（一）成本超支的原因分析

房地产企业如经过一系列的分析后，发现成本或是预算可能会超支，就一定要进一步地进行原因分析，以尽可能地减少成本。原因分析是成本责任分析和提出成本控制措施的基础。成本超支的原因非常多样化，包括宏观因素，如总工期延长、物价上涨、工程量剧增等；微观因素，如某分项工程效率低下、协调不够、出现部分返工等，还有一些内部原因，如管理失误、工作协调不够、采购了劣质材料、工人培训不充分、材料消耗增加，以及安全事故等，当然，外部原因也有可能引起成本超支，如上级或业主的干扰、设计的更改、遭遇特殊天气等。

除了技术、经济、管理和合同等因素，还可以是其他多种原因，比如：成本和功能的不匹配、建筑标准的冲突、目标的分歧（比如提出过高的要求或者拥有个性化的建筑方案）、缺乏有效的规范、没有明确的成本限制以及估算的失误。

通过因果关系分析图和因素差异分析法，可以对原因进行定性和定量分析，从而更好地了解其影响因素。

（二）成本降低的主要措施

通常来说，要在保证其他目标不受影响的情况下压缩已经超支的成本是非常具有挑战性的。这时需要采取一些措施，这些措施要比原本的计划更有利且能够加速工程周期或提高生产效率，才有可能降低成本。例如：①寻找新的高效方案，通常是更优的技术方案。②改变实施过程。③变更工程范围。

④索赔，例如向承（分）包商、供应商索赔弥补超支费用。

当成本超支时，一般会采取其他方式来缩减其他部分的开支，然而这种做法可能会对工程质量和工期目标产生负面影响，且达不到任何优势。因此，在采取措施时必须慎重考虑，确保选取的措施是有效的。

第三节　房地产项目建设的合同管理

合同管理是房地产建设工程项目管理的核心工作，对实现整个建设工程项目和各方利益的成功至关重要，这一点不容忽视。房地产建设工程项目的合同规范了项目的投资以及工程的质量，维系了项目参与的各个单位和个人之间的联系，为项目各方提供了利益保护，推动了房地产建设工程的顺利进行。[①]

项目合同管理对于房地产开发而言具有极其重要的意义，因为它不仅可以规范参与者的权利义务，还可以协调各种相关的程序，从而使得双方都能够按照约定的条款履行自己的职责，并且可以共同促进整个开发的顺利实施。

一、房地产项目开发合同的签订

房地产开发过程烦琐、复杂，故而需要多种合同的约束与制约，如购买土地使用权合同、征地合同、拆迁合同、项目施工发包合同、购买建材及设备合同、房屋销售合同等。签约双方需要将合同作为明确双方权利和义务的

[①]　李杏：《论房地产建设工程项目合同管理要点》，《房地产导刊》2014 年第 21 期。

有效法律手段。

为了提高合同管理水平，房地产开发企业必须对各种类型的项目合同范围及其管理要求进行全面了解，且要不断了解国际工程项目管理的优势所在，不断学习，缩短与其的差距。为了确保工程项目的顺利完成，我们需要从设计到施工再到最终的验收，并且要按照每一步的特点来管理合同，从而确保项目的成本、进度、质量和信息的有效控制。通过建立项目合同管理系统、完善项目管理制度等一系列方法措施，不仅可以帮助企业管理层协调好各职能部门的关系，优化组织结构设计，还可以为管理决策提供强有力的依据，从而有效提高企业效益。在房地产开发过程中，施工合同的签订是必不可少的，其中包括土建、设备安装、管线以及装饰装修等，为了确保项目的顺利完成，必须对这些合同进行有效的管理，下面具体介绍一下这一阶段的合同管理。

（一）工期

房地产项目开工和竣工的具体日期，以及合同工期总日历天数，都应在合同内明确。如果承包人是通过招标的被选择人，那么工期总日历天数应与招投标过程中承包人承诺的天数相一致。

（二）合同价款

第一，开发企业必须在合同协议书中清楚地说明其承诺的合同金额。

第二，追加合同价款。如果在合同执行期间出现了额外的费用，那么必须由开发公司进行审核并确定，（应严格价款追加条件），按照条款中规定的计价方式给承包人增加合同价款。

第三，合同的计价方式。在通用条款中，有三类可选择的计价方式，应在专用条款中明确说明所采用的是哪一种。计价方式包括：①固定价格合同，固定价格合同指的是，在约定的风险范围内不再调整合同价款；②可调价格合同，可调价格合同一般适用于工期较长的合同。可调价格合同能够有帮助双方合理分担风险，可调价格合同与固定价格合同的计价方式基本一致，只是增加了"可调价"这一条款；③成本加酬金合同，成本加酬金合同指的是，工程的全部成本都由开发企业承担，按照所完成的工作为承包人支付报酬的计价方式。而至于选择哪一种计价方式，房地产开发企业要综合考虑工程大小、规模、复杂程度、工程地质条件、风险负担等因素。

（三）对双方有约束力的合同文件

在订立合同前已经形成的文件包括：施工合同协议书、投标书（含附件）、中标通知书、图纸、相关技术文件、工程量清单、施工合同专用条款及通用条款、工程报价单等。在合同履行过程中，双方因出现变更等签订的书面协议或其他文件也属于协议书的一部分。以上各文件的序号就是房地产开发合同争议时的解释顺序。[①]

（四）开发企业和承包人的工作

1. 开发企业的工作

以通用条款为依据，开发企业完成的工作主要包括以下几个方面。

（1）开发企业需在开工前尽快完成办理土地征用、房屋征收安置补偿、平整施工场地等工作，以满足施工所需场地条件，同时，在开工后如有开工

---

① 余佳佳、郭俊雄：《房地产开发经营与管理》，西南交通大学出版社，2019，第96页。

前的遗留问题，开发企业仍需继续解决。在专用条款内需约定好场地所需的具体要求和完成时间，以确保施工能够按计划进行。

（2）开发企业应将水、电、通信线路等连接至施工场地内，确保满足施工需求。在专用条款内需约定好水、电、通信线路接通的时间、地点以及其他需求，此外，对于一些地处偏僻的工程或者大型工程，需要承包人自行取水、发电的项目，需要在专用条款内明确。

（3）开发企业应将施工场地的工程地质和地下管线的真实数据及准确位置提供给承包人。在专用条款内需约定提供相关资料的具体时间。

（4）开发企业应准备好办理相关审批手续的所需证件，主要涉及：施工许可证、临时用地许可证、停电停水许可证、道路损坏及中断许可证、电力通信许可证、爆破作业许可证以及其他公共设施使用许可证等。在专用条款内需约定好施工所需证件提供的具体名称和截止时间，以保障施工能够按计划进行。

（5）开发企业应以书面形式向承包人呈交水准点与坐标控制点，并现场交验。专用条款中需逐项约定好交验要求，以便在施工过程中清晰划分责任归属。

（6）开发企业应组织承包人和设计单位共同进行图纸会审和设计交底。在专用条款内需约定好具体时间。

（7）开发企业有责任和义务协调处理施工现场周围的建筑物、文物建筑、古树、地下管线的保护工作并承担相关费用。在专用条款内需约定好协调处理的具体范围和具体内容。

除以上内容外，开发企业还应积极完成约定好的其他工作。在专用条款中双方需要依据项目的实际情况做出具体约定。

以上内容在通用条款中均规定为开发企业的义务，但是开发企业可以通过委托的形式交由承包方办理，费用由开发企业承担，但具体内容需要在专用条款中约定。需要注意的是，合同约定的开发企业应尽的义务需严格按照约定完成，如不能完成导致承包方损失及工期延误的话，开发商应向承包方赔偿并顺延工期。

2. 承包人的工作

以通用条款为依据，属于承包人完成的工作主要包括以下方面。

（1）以开发企业的委托要求为准，在自己的资质范围内完成施工图及工程配套设计，并在使用前由工程师确认，费用则是由开发企业承担。在专用条款中需约定设计单位的资质等级及设计文件的时间和文件的具体要求。

（2）承包人需将年、季、月工程进度计划及进度统计报表提供给工程师。在专用条款中需约定提供计划，提供报表名称和提供时间。

（3）承包人需要按工程的具体需要提供和维修非夜间施工使用的照明、围栏设施，同时需要负责安全保卫工作。在专用条款中需约定具体的工作位置和工作要求。

（4）承包人还需要以专用条款的约定为依据，在施工现场为开发企业提供办公和生活的场所及设施，费用由开发企业承担。在专用条款中需约定设施的名称、数量、具体要求和提供时间。

（5）承包人需要遵守相关部门的管理规定，及时办理施工现场的交通、噪声、环境、安全等方面的有关手续，同时将办理结果以书面形式通知开发企业，费用由开发企业承担（除因承包人责任造成的罚款）。在专用条款中需约定应由承包人办理的具体手续内容。

（6）如果工程已竣工，但尚未交付开发企业，则由承包人负责工程的保护工作，在这期间如果发生损坏等情况，由承包人安排修复，修复费用由承包人承担。如果开发企业需要承包人采取特殊措施保护工程，则应追加合同价款，价款的具体额度在专用条款内约定。

（7）关于工程的卫生问题，承包人一方面需要保证施工场地符合相关规定，另一方面需要在工程交付前清理现场。在专用条款中需约定好工程交付时施工现场的卫生要求，具体要求应根据施工管理规定和环保法规提出。

除以上内容外，承包人还应积极完成约定好的其他工作。在专用条款中双方需要依据项目的实际情况具体约定。

承包人如不履行上述义务，并给开发企业带来损失，需要对开发企业做出赔偿。

二、项目合同管理的内容

房地产项目开工后，虽说现场具体的监督和管理等工作都交由工程师负责，但业主也会授意业主代表，让其与工程师和承包商进行沟通，保持联系，以方便处理、执行合同中的有关具体事宜。对一些重要问题的审批，更是需要业主来负责，如项目的变更、工期的延长等。

下面列举一些业主方在施工阶段的合同管理内容。

1. 业主代表和工程师的任命应该以书面形式通知承包人，在通知后遇到必要情况仍可以撤换，此外，如果贷款项目属于国际项目，则还应当通知贷款方。

2. 对于项目用地征用手续和移民等工作，要尽量在施工前抓紧完成。

3. 对于承包人转让部分项目权益的申请予以批准。

4. 负责项目的融资，确保项目顺利实施。

5. 在承包人的相关手续齐备无误后，要及时拨付预付款、每月的月结算、最终结算等相关款项。这部分内容也是业主最重要的义务。

6. 对于项目变更内容，如工程师与承包人协商变更的单价和总价等，要及时批准、签发变更命令。

7. 在工程师经过研究提出建议并准备上报时，应批准项目延期报告。

8. 协助承包人解决生活物资和材料的供应以及运输等问题，尤其应关注外国承包人。

9. 为承包人开具证明信，方便承包人在进口材料、设备等物资时能够尽快办好通关、税收等相关手续。

10. 及时答复承包人的信函。

11. 负责编制和汇报各类计划、结算情况及统计报表等，并向上级及外资贷款单位报送。

12. 负责组成验收委员会，验收委员会负责对整个项目做好各阶段验收工作，验收后应及时签发证书。

13. 妥善处理合同中的纠纷，如需要修改变动合同条款，则必须与承包人协商。

14. 如果承包人违约，那么业主有权终止合同，并可以授权他人来完成合同。

三、房地产开发项目中的合同分析

在大型房地产开发项目中，往往涉及几十甚至上百份工程建设合同，而这些合同之间存在着复杂的联系。合同条文繁杂、法律语言晦涩难懂，其中包含了工程活动的具体要求和文件，导致工程项目管理人员只能涉及某个侧面，同时也可能存在着许多未知的风险。因此，房地产开发企业必须要深入分析这些合同，以加强对风险的控制。

　　分析合同文本是一项综合性的、复杂的任务，需要具备很高的技术水平和全面的了解。合同管理人员需要熟悉相关法律法规以及合同条款，同时还需要了解工程环境和实际操作经验。房地产开发企业可以将合同分析的成果汇总为合同要点和注意事项，编制成册以备工程开工前参考。合同管理人员需向项目管理人员和相关部门阐释合同内容，分析合同条款，并将责任明确到个人。此外，他们还需告知进行常规检查与监督任务的方法，并明确促使承包人按时按质完成任务的手段。

　　合同分析一般包括以下内容。

　　1. 应明确承包人和开发企业各自的权利、责任和主要职责。

　　2. 分析合同价格。认真审视整理每份合同，确定其计价方式、价格范围、结算程序、价格调整要求以及拖欠款项的责任。

　　3. 分析合同工期。由于工期拖延将对投资有直接影响，索赔事件时有发生，因此应加强对工期的深刻理解。

　　4. 理解违约责任。若一方没有按照合同规定履行义务，导致对方遭受损失，应按合同约定予以惩罚。应着重探讨开发企业由于未能按时履行合同而严重违约的处理规定，与承包人不能正确地履行合同而带来的责任问题。只有充分理解这些问题，才能在需要时迅速找到解决方案。

　　5. 对验收责任的理解。必须明确了解全部工程验收工作中的责任。这些验收工作包括：机械、材料和设备的现场验收交接工作；隐蔽工程验收工作；单项工程验收工作等。

第四节　房地产项目建设的质量管理

工程项目质量主要是指项目工程质量的总量，是施工全过程的综合，不但要满足从生活和用户生产角度出发的需求，还要严格遵循项目合同规范和项目设计实施规则标准等。

在房地产开发企业的工程项目建设和执行过程中，房地产开发项目的质量管理是最重要的部分。项目的管理人员需要具备专业技术人员资质，能够熟练掌握相关技术标准、熟悉相关施工图纸、各类施工验收程序和规范、相关方案的讨论和评审等，在施工现场还要监督施工全程的技术质量。

在市场化程度较低的时候，人们对于工程质量并不是那么重视。但随着市场与经济的不断发展，一些外资大企业不断涌进中国房地产市场，与本土企业竞争，这让国内房地产公司面临着前所未有的挑战。所以，国内房地产企业需要在新的竞争环境下适应新的要求，因此提高项目管理水平和产品质量成为企业竞争力的一个重要因素。诸如此类的措施将有助于提升品牌和声誉。

一、房地产项目施工质量的特点

由于房地产项目体积庞大、位置固定，并且具有单一性、露天性和周期长等特点，其施工涉及多方面的步骤和过程，具有程序多、协作关系复杂、涉及面广等特征，所以在施工质量方面有以下几个方面的特点。

1.造成影响的相关因素很多

项目质量形成的过程就是项目建设过程。所有的施工项目周期都相对较长，会受到决策、材料、环境、机械、设计、施工方案、施工方法、施工工艺、施工人员素质、技术手段等多方面的影响，直接或间接对工程项目的质量产生影响。而且，不管是哪个因素产生的影响，对质量问题产生的影响都会对工程建设系统的质量造成破坏，甚至出现工程质量事故的问题。

2.质量波动大

受到建筑产品生产特点的影响，它的生产过程相对容易失控，没办法像其他工业化生产的过程那样易于控制，多种多样的不利因素都会对生产活动产生影响，所以施工质量波动大。

3.存在较多的质量隐患

在工程项目实施过程中，涉及多方面的工序交接、隐蔽工程等问题，需要及时检查存在的质量问题，否则会产生第二判断的误差，容易将不合格工序遗漏，导致工程项目出现严重瑕疵。只有在每个工序和中间质量环节中严格把控和监督，才能够保障最终的项目质量完全合格。

4.质量评定难度大

工程项目完成建设后，就没办法对内部质量进行拆解或者拆分检查。这就导致在项目验收的时候没办法发现隐蔽的或者内部的质量问题，如果在项目完全结束后再来检查，而且只是表面的检查，更加没办法对最后的质量做出正确判断。所以，在工程质量检验的时候，要从事前、事中两个过程严格管理和防范，将可能出现的事故萌芽消灭在初级阶段。

二、房地产项目建设质量管理的内容

在建设过程中，施工阶段不仅是构建房地产项目的关键步骤，而且还决定了最终产品的质量水平，所以，整个项目管理的重点是针对施工阶段的质量管理。工程项目实施的时候，从质量管理方面来讲，主要的任务是要在施工过程中核对和检验相关的流程，查看其是否满足相关的设计要求和合同要求，要对相关设备和材料进行质量评价，对整个过程的工程质量进行评级，对相关供应商、质量数据等职责进行程序化规范，还要遵循国家的相关法规和标准，并及时做出对比分析。

最终形成项目实体质量是一个复杂而动态的过程，因此，在实施阶段，我们必须从控制投入产品的质量开始，并且要持续不断地确保产出品达到质量控制标准。

在项目实施过程中，我们需要考虑五个关键因素，这些因素会直接或间接地影响到工程的质量。为了确保 4M1E 的质量，我们需要对所有这些因素进行全面的控制。

在房地产开发项目施工过程中，工程施工质量的保障要从施工生产全过程、质量全面监督、全面控制和检测等方面来保障整体质量。从事前阶段来看，主要是各项施工的准备工作；从施工过程阶段来看，主要是施工过程中的各个环节的控制；从施工项目完成阶段来看，主要是各个单位的工程、整体工程项目和相关安装产品质量的事后控制。

三、质量管理的常用方法

排列图法、因果分析图法、相关图法、分层法、调查表分析法、直方图法和控制图法为质量管理的七种常用方法，亦被称为质量管理的七种工具，运用时，要合理、灵活，亦可将其进行巧妙结合，以达到有效控制和提高产品质量的目的。下面就其中几种进行简单介绍。

（一）排列图法

排列图法又称帕累托法、ABC 分析法，此种方法虽说比较简单，但却很有效，由以下三个部分组成。

1. 两个纵坐标。左纵坐标表示频数，即影响质量的各种因素发生或出现的次数（件数、时间、金额等）；右纵坐标表示频率，即各种因素发生或出现次数的累计百分比。

2. 一个横坐标。影响质量的各种因素，按其影响程度的大小，由大到小从左到右排列，每个影响因素都用一个直方图形表示，底宽相同，直方图形的高度表示影响因素的大小程度。

3. 帕累托曲线。表示各种影响因素的累计百分比。根据帕累托曲线可把影响因素分为三个等级：A 级，为影响质量的主要因素，累计频率 0 ~ 80%；B 级，为影响质量的次要因素，累计频率 80% ~ 90%；C 级，为影响质量的一般因素，累计频率 90% ~ 100%。质量分析的重点应为 A 级因素，要求针对产生质量问题的原因采取措施加以改进，以达到提高质量的目的。在采取措施后，应按原项目重画排列图，以检查措施的效果。[①]

----

① 张跃松：《房地产项目管理》，中国人民大学出版社，2010，第 176 页。

（二）因果分析图法

因果分析图法是由日本质量管理专家石川馨所提出的，别称为特性因素图或特征要因图，按其形状称呼，又称其为鱼刺图或树枝图。该方法是利用质量问题与原因之间的内在因果关系，沿波讨源，直至找到影响质量的根本原因，然后再制定解决方案，以解决工程质量问题，从而达到控制质量的目的。

因果分析图有一条主干线指向结果，它们之间的关系用箭头表示。

因果分析图的作图关键步骤如下。

1. 要确定需要解决的质量问题，然后画出主干线指向右方。

2. 确定影响质量的主要因素，一般有人（操作者）、材料（包括成品、半成品及原材料等）、工艺（包括施工程序、施工工艺、操作方法等）、设备（包括吊装、运输设备及工具、器械等）、环境（室内外、季节、地区环境）等因素。

3. 把影响质量的所有因素按从大到小的顺序画在图上。

4. 从中找出关键性的原因，并用显著的记号标记出来。

5. 针对质量问题，制定有效措施，并限期逐项落实和改正。

这种方法的优点在于能够全面地反映影响质量的各种因素，而且层次分明，可以从中看出各种因素之间的关系。这种分析有助于管理工作越做越细，从而找出影响质量问题的原因，然后对症下药，采取措施并加以解决。

（三）相关图法

相关图法，又称散布图法，其是用直角坐标系来表示两个变量之间的关系。制作图表时，将质量特性及其影响因素的各对数据用圆点来表示填列在直角坐标图上，然后观察判断两者的关系，以采取有效措施控制项目质量。

1. 作图步骤

（1）将需要研究是否有关系的质量特性和影响因素的数据以对应形式收集 30 组以上，并一一对应地填入数据表。

（2）把横坐标——影响因素与纵坐标——质量特征依次画出来，并标上适当的刻度。

（3）最后把数据的相关坐标点标注出来，即可得到散布图。

2. 相关图的相关鉴定

散点图即可把两个因素的相关程度呈现出来，而两个变量间的相关程度可由相关系数定量地分析出来，即用数值把相关程度表示出来。

（四）调查表分析法

调查表又称检查表。在质量管理中，调查表是利用表格进行数据收集、整理，并给其他数理统计方式提供依据和粗略原因分析的工具。在质量控制活动中利用调查表来收集数据进行分析，不但方便快捷，且清晰明了，方便理解。

调查表多种多样，我们可以根据需要自行设计。根据调查的目的和原因区分，质量管理调查表有六种形式。

1. 工序分布调查表。此表需要调查计量值数据，目的是获知工序产品质量的分布情况。

2. 缺陷项目调查表。此表需要调查各种缺陷项目的大小，目的是减少生产过程中的各种缺陷情况。

3. 缺陷位置调查表。此表需要调查产品的缺陷分布情况，制表时要画出产品外形草图或展开图，然后在其相应的位置标出缺陷情况。

4. 缺陷原因调查表。此表是将调查表与分层法给结合起来，然后把有关数据按设备、操作者、时间等因素进行分层，以进一步调查产品质量不佳的具体原因。

5. 特征调查表。此表是为了检查质量特征是否达到标准，以检查和确认工序质量和产品质量。

6. 操作调查表。此表主要是自检而用，目的则是能够使工序操作人员严格遵守操作规程。

第五章　房地产项目营销与管理提升

第一节　房地产营销管理概述

营销是一种科学和艺术的结合，它不仅仅是在动态环境中通过产品创新、分销、促销、定价、服务等活动来创造交换价值，而且它还不同于销售，它的起点、目的和效果都有所不同。

房地产营销旨在为客户提供有价值的信息，从而实现其购买、使用、维护、保值增值的目的。它不仅可以帮助企业实现盈利，还能够为客户搭建起与房地产市场的桥梁，促进双方的交易。

一、房地产营销新理念

营销理念是企业营销活动的行动指南，营销理念是否正确，关乎着企业的成败，下面笔者在对消费需求变化的分析及房地产经营实践活动的总结的基础上，提出了几条房地产营销的新理念。

1. 强调文化品位的房地产营销

文化品位一直都是房地产所强调与重视的方面，其主要是为了迎合特殊消费群体的物质和心理需求，并以此提升项目的销售价格和品位。

2. 强调品牌的房地产营销

以优质的品质、适当的价格来提高品牌美誉度；以到位的售后服务来提高品牌忠诚度；以适当的营销手段来提高品牌影响力。

3. 强调生态环境的房地产营销

以绿色环境为核心，企业从最初的绿化率和绿地面积开始，不断提升营销活动，并请专业园林设计机构进行环境规划设计，以创造一个高效、节能、环保、健康、舒适、宜居、生态平衡的居住环境。

4. 强调知识经济的房地产营销

强调知识经济的房地产营销可以从以下两个方面做文章：一是以塑造"社区文化"来进行营销。除了房子本身，以及周边的基础设施建设，业主也同样重视精神文化的富足。所以企业应为业主塑造一个有爱的大家庭，让业主感受到家的温暖。二是以塑造"智能化住宅"来进行营销。随着科学技术的进步，现如今已经进入信息化时代，而智能化也已经深入人们的生活中，这不仅给人们的生活带来了极大的便利，也为企业的管理与服务提升了效率。所以房地产企业要紧跟时代发展，打造智能家居，提供智能服务，突显知识型社区的品位与格调。

5. 强调全程营销的房地产营销

现如今，我国房地产市场竞争日趋激烈，企业要想生存与发展，必须摒弃传统的单一通路营销，而选择全程营销，即从投资决策到项目规划设计，从消费市场研究到营销推广定位，从销售执行到售后服务，都不能缺少营销环节。营销不仅仅局限于销售，而是从项目可行性研究开始，贯穿于项目的设计、施工、销售和物业管理的全部环节，从而实现最大的效益。

6. 强调公共关系的房地产营销

"公共关系"的主要要素是社会组织（主体）、传播（手段）和公众（客体）。公共关系营销旨在建立并维护房地产公司与公众之间良好关系，并通过有效的信息传递来提高销售额。要知道，房地产公共关系营销面临的不仅仅是顾客这么一个对象，还包括其他公众，故而在多维复杂的营销环境中，营销人员要想做好企业与社会公众之间沟通合作的桥梁，就要构建良好的公共关系，与政府、金融机构、材料供应商、合作商、新闻媒体等各社会方面保持良好沟通，以此达到提升营销业绩的目的。

二、房地产市场营销管理概述

房地产市场营销是指通过房地产市场交换，满足现实的或潜在的房地产需求的综合性的经营销售活动过程，是市场营销的一个重要组成部分。该项目涵盖了多个方面，包括房地产市场调查、细分市场、预测未来发展趋势、确定目标客户群、开发新产品、楼盘命名、定价、分销渠道选择、营销策略组合、促销活动以及物业管理等。

（一）房地产市场营销管理的程序

房地产市场营销管理的过程是房地产企业对市场营销活动所进行的分析、计划、实施与控制的过程。通过对市场营销活动的全面分析、精心策划、有效执行和有效监督，房地产企业可以有效地提升其市场竞争力。该过程由市场营销环境分析、选择目标市场、市场营销组合和营销计划的制定、实施与控制等组成。

1. 分析市场机会

市场机会是指尚未得到满足的需求。在房地产市场中，存在着大量未被满足的需求，这些未被满足的需求不仅为企业提供了丰富的市场机会，同时也是营销管理人员分析市场机会、开展营销计划的关键所在。因此，房地产营销人员需要进行充分的市场研究，积极寻找和挖掘市场机会，并通过深入分析和评估，以确定哪些市场机会能够为企业带来最大的战略价值。

2. 选择目标市场并进行定位

在确定具有竞争力的市场机遇之后，房地产企业应该进行细致的市场分析，以确定最佳的营销策略，这是房地产市场营销的第二个关键环节。

为了选择适当的目标市场策略，房地产公司可以考虑无差异市场营销、差异化市场营销或集中市场营销等三种策略。企业还需要在选择了具体的目标市场后进行市场定位，即基于市场分析的结果，用特定的角色和品牌形象展开营销活动。这有助于树立企业及其产品在市场中的独特特色，使消费者可以在众多竞争产品中轻松辨认并提高企业的竞争力。

3. 确定市场营销组合

市场营销组合策略是一种综合性策略，是指将产品、价格、渠道和促销等多种策略巧妙结合起来，旨在为产品定位的目标市场提供最佳方案。通过协调企业各部门和鼓励员工的共同努力，实现企业目标。对于房地产企业而言，要想使市场营销组合策略发挥出最大作用，四大策略必须相互协调，以达到最佳平衡。

市场营销组合是指在特定的时期向特定市场销售特定产品的市场营销决策的优化组合，其又称房地产市场营销的"4P"理论，即产品（Product）、价格（Price）、销售渠道（Place）和促销（Promotion）。

4. 制定市场营销计划

房地产市场营销计划是企业为了达到制定的营销目标而草拟的一系列方案，包括制定房地产企业营销活动的目标和措施。企业的营销活动就是以该计划为行动指南，以实现企业目标，为战略决策提供市场机会，并提供投资决策的帮助。因此，房地产市场管理的核心内容就是房地产市场营销计划。

营销策划包括多个方面，如开发项目和土地价值分析、产品和价格策略计划、渠道管理、促销计划、物业管理等，这些是制定营销计划的基础。营销计划也是进行营销实施和控制的前提和标准。

5. 组织执行和控制市场营销计划

当企业确定市场营销计划后，需要付诸实施以见成效。同时，为了有效地营销，建立市场营销组织也是必要的。但在实施市场营销计划时，可能会遇到很多未预料到的情况，因此必须进行计划执行的控制，即根据计划检查执行情况，发现问题原因并采取纠正措施。

（二）房地产市场营销的研究方法

营销研究在房地产市场的实施应该以唯物辩证法原理为基础，注重理论和实践相结合的原则，针对房地产产品为交易对象的市场特性，采取调查和研究方法，找出市场中尚未满足的需求，并据此确定适当的房地产产品、服务、计划和策略，为目标市场提供服务，满足消费者需求，同时提高房地产企业的市场占有率和经济效益。

一般来说，研究房地产市场营销的方法大致可归纳为以下四种。

1. 产品研究法

产品研究法的核心在于分析某种或某类产品的市场营销问题，这需要对该产品的发展趋势、设计风格、价格以及分销方式等进行深入剖析。这种方法可以具体而深入地研究各种房地产市场营销问题。不过，它的劣势在于它需要大量的人力物力投入，而且如果研究的产品种类有所重合，就会导致研究中的重复现象。

2. 组织研究法

研究房地产销售组织机构的方法称为组织研究法，其重点在于研究房地产商品的流通活动，例如市场体制、市场结构、流通渠道等，以及销售组织机构的功能、作用和营销活动过程与策略。该方法强调通过何种机构将产品销售出去，但忽视对消费者需求的研究，也较少研究整个流通过程。

3. 功能研究法

功能研究法主要通过详细分析研究各种营销职能（如购买、销售、仓储等）和执行各种营销职能中所遇到的问题来研究和认识市场营销。通过研究几种流通功能的特性及动态，使房地产市场营销机构在营销过程中具有的功能更加全面，更加系统，更加科学。

4. 管理研究法

管理研究法，也称决策研究法，是一种以客户需求为导向的营销管理决策方法，它将产品研究法、组织研究法和功能研究法的基本要求有机结合起来，以期发现市场机会，分析市场环境和企业资源和目标，制定出最佳的营销策略，以满足客户需求，实现企业的目标，提升企业的效益。随着其卓越的效率和实用性，这种方法已经成为当今房地产市场营销研究的首选。

第二节　房地产项目的市场营销策略

一、房地产项目的价格策略

（一）房地产价格的内涵

房地产产品，归根结底是一个商品，故其是使用价值和价值的统一体，所以房地产价格是由其价值决定的，但又受其他因素的影响。

房地产产品的价格是一个相当复杂的概念。它既包括土地价格，又包括建筑价格，二者是不可分割的统一体。房屋是人类劳动的结晶，具有货币价值，与其他商品的价值形成方式类似。而土地则是一种特殊的商品。虽然原始土地并不包含人类劳动成分，但由于土地垄断导致的地租资本化，土地也可以具有价格。地租实质上是土地使用者向土地所有人支付的费用，在一定程度上反映了土地的自然资源价值。因此，尽管原始土地的价格不是劳动价值的货币表现，但在现实生活中，土地通常会接受人类劳动加工，并蕴含了大量的劳动成分，从而具有了自己的价值和价格。

为了使土地符合人类的经济用途，人们在土地开发利用的过程中，改造原有的土地，投入了大量的体力劳动和活劳动，特别是土地作为建筑用地投资的基础设施成本越高，后期积累的劳动投入就越多。这些投入劳动所凝聚的价值与一般商品的劳动价值具有同样的性质。从这个角度来看，土地价格主要是劳动价值的货币表现，其价值是以投入劳动量来衡量的。

因此，房地产的价值体现在它的建筑物、自然资源、人力等多方面，而它的价格则反映出这些多方面的总体价值。因此，房地产的价格实际上是它的货币体现。

（二）房地产定价的程序

房地产的定价往往能够决定房产商品化的发展以及房地产市场的变化等，其定价的一般程序如下。

1. 收集和整理相关的定价标准、项目资料等市场信息

需要搜集的信息内容包括但不限于：有关房地产项目地理位置的具体信息，同级别楼盘的对比情况，诸如位置、装修用料、价格、不同层次的价格等方面。同时，还需要考虑企业内部的各种费用数据，全面详细地梳理项目开发所需的各方面费用。

2. 梳理成本预估和需求

在确定项目定价之前，需要详细了解其成本结构，包括建设、管理、筹资和销售等方面的费用。现房定价相对简单，而期房定价比较复杂，因为需要预测尚未发生的成本和费用，需要充分收集资料。另外，项目的需求预估也至关重要，这意味着在不同阶段和价格水平下，消费者的需求量也可能发生变化。因此，正确预估消费者的需求量是决定楼盘价格水平的重要因素，正确估算可以提高楼盘的利润。

3. 分析竞争对手

此步骤旨在比较本项目与其他竞争对手项目的差异，分析它们的价格因素，并确定本项目的优势和特点。通过参考竞争对手的定价标准，制定符合本企业项目的价格。这一步骤对房地产企业选择竞争导向定价方法非常重要。

4. 房地产定价的目标和基本方法确认

在制定项目价格之前，必须深入研究和探讨该项目的营销目标。在考虑了竞争环境因素、地产销售关系、楼盘开发商经济情况和楼盘定位等因素后，可以确定一个相对合理的价格目标。对于高档豪华型的商品房，最大利润可能是最优的定价目标；而对于中小规模的房地产企业开发的商品房，可以采用与楼盘不造成竞争关系的定价目标，通过定价目标来选择使用的基本方法。

5. 决定楼盘的平均单价

所有楼盘都必须确立一个总价水平，称为"平均单价"。尽管房地产企业在开发土地时可能会预先估算单价，但在销售阶段，市场竞争、产品规划调整、时间要素和开盘目标变化等因素的影响可能会导致需要重新确定"平均单价"，并将其作为制定细分价格的参考标准。通过分析"平均单价"，可以了解其对整个项目的利润和销售总额的影响，因此这也是房地产企业和代理公司特别关注和重视的环节。

6. 决定各期、各栋的平均单价

确认平均单价后，对于大型项目，房地产企业可以采用分期销售方式，指定各个分期阶段的平均单价。对于小型项目，房地产企业可以根据楼栋之间的差异因素（如楼层数量、楼栋距离、景观等）来指定不同楼栋的平均单价。在确定平均单价时，除了评估差异因素，各个分期和楼栋的可销售面积也是重要因素。因此，需要对其进行检查，并将各个楼栋的平均单价乘以相应楼栋的可销售总面积，得到整个项目的平均单价乘以全部可销售面积的总和。

7. 决定楼层垂直价差

直价差是指不同的楼层高度影响到价格所产生的差异。垂直价差制定之前会先提出基准楼层的概念，基准楼层的单价和建筑的平均单价相同，然后根据楼上的其他楼层和基准楼层的价格差异大小来制定价格，此时，各个楼层相对价格的总和等于零。

价差是一种价值差距，它可以由多种因素造成。首先，房地产企业应该了解一下基准价格，即所有建筑物的平均价格。接着，房地产企业可以通过对比各个楼层的价格差异，来决定多少楼层更划算。

8. 决定水平价差

垂直价差确认后就要决定"水平价差"。水平价差是指针对同一楼层不同户型的价格差异的体现。一般是按照楼层平均垂直价格来评估一个楼层的楼房，具体包括房屋朝向、格局、私密性和采光条件等，判断各自的优势和劣势，以此来指定同一楼层各个不同户型房屋的单价，这时候要遵循同一楼层各户单价的平均值要和原来指定的平均单价相符合。碰到直筒式建筑的情况，每个楼层具有相同的平面规划，所以只需要制定一个水平差价，就可以将其运用在其他所有楼层；碰到平面格局复杂建筑的情况，比如高度退缩式建筑，或者不同楼层的楼房数量不一致的情况，要根据不同楼层的平面格局来确定水平价差。

9. 调整价格偏差

在完成以上步骤后，房地产获得了每种不同户型的平均单价数据。为了核实这些数据是否与原始预算一致，需要进行二次核验。此时，可以按照每户的面积乘以其对应的单价以计算整个楼盘可销售金额。然后用总可销售金额除以全部可销售面积，以得出最后的平均单价。由于不同户型的面积不同，因此最终的平均单价有可能与预定的数值不同。若存在差异，则需要调整差异金额，使其比例与原有数据相同，直至二者相等为止。

（三）房地产的价格策略

1. 价格折扣与折让策略

（1）现金折扣。实行现金折扣政策，意味着消费者可以享受到额外的优惠力度，前提是他们能够及时或提前支付费用。此种优惠策略在房地产销售中尤为常见，即一次性付款就可以得到更大的折扣幅度。现金折扣政策强调的是消费者灵活的支付方式，同时也可以降低企业呆账的风险。

（2）数量折扣。以量惠购是一种销售策略，即当顾客购买大量商品时可以享受价格折扣。这种策略有助于缩短销售周期，降低企业经营成本并提高早期回收投资资金的速度。然而，由于房地产商品价格高昂，限制了消费者大规模购买的需求，也因此少见相关量身定做的折扣体系。因此，房地产企业在定义"数量"时，必须特别小心。虽然有时可能会出现购买整幢大楼的需求，但这种情况是极为少见的。如果遇到这种情况，可以通过谈判来规划和计算折扣。

2. 单一价格与变动价格策略

单一价格是无论面对哪种消费者，也无论消费者购买商品的数量，都使用一样的价格销售房地产商品。

变动价格与单一价格相反，变动价格针对不同类型的消费者，或购买房地产商品数量不同的消费者，商品价格会有所浮动。这种情况主要是因为消费者与企业有特殊关系，或者消费者购买商品数量大等。以目前的房地产市场来说，价格一成不变的情况是非常少的，通常的房地产商品俊辉存在价格变动的情况。

3. "特价品"定价策略

这是通过利用少数产品的特别低廉价格的策略来吸引顾客消费的策略。

在房屋销售中，"特价品"一般只有一户或者少数几户。

4. 心理定价策略

心理定价策略在传统意义上还可以被称为奇数定价。通过研究相关消费者购买心理，心理学家发现，同一件商品标价 50 元和标价 49 元的时候，49元的销量比 50 元的销量多出很多，比 48 元的销售数据也好很多。这种定价策略可以在房地产定价中使用。在现代，新型定价方式产生，如吉祥门牌号定价策略、吉祥数字定价策略，又如，1998 元 /m^2 的定价标准。

5. 非价格竞争策略

除了价格竞争这一市场竞争的基本策略外，房地产营销环节中也有非价格竞争策略的存在。比如，同档次的相邻项目中总是出现有一方通过提供比竞争者更大优惠的力度而不是通过价格调整来赢得竞争的情况出现，如良好的售后、低廉的物业管理费用等等。

二、房地产项目的营销渠道

在房地产市场中，营销渠道是指房地产企业将产品提供给消费者的途径。这是一个互相依存和协同的系统，它促进了产品或服务的成功使用和消费。房地产企业必须精心策划自己的营销渠道，因为这是最重要的决策之一。中间商在房地产商品销售中的作用十分重要，因为中间商能更有效地将房地产商品宣传到目标市场并进行销售。

（一）房地产营销渠道的特点

由于房地产产品的特殊性，房地产营销渠道与一般商品的营销渠道相比有许多不同，主要特点如下。

1. 房地产营销具有区域性

在房地产销售领域，各种中介机构扮演了不同的角色，它们需要建立自己的营销场所来支持其业务活动。虽然一些大型的房地产中介机构会在不同的地区建立连锁机构，但它们的业务主要仍以各自所在地区的本地市场为主，并且具有明显的本地化特色。

2. 房地产营销渠道较短

相对于一般产品而言，房地产的营销渠道较短，所经过的中间环节也相应较少，一般采取直接营销、委托代理商或通过房地产专门经销机构三种渠道，其中最为普遍的是前两种渠道。

3. 房地产营销渠道的长短与市场供求状况直接相关

当房地产市场供求平衡时，房地产公司可以直接采取营销措施，销售部门的销售人员可以等待顾客上门。但若供应过剩，企业自行进行营销的成本会较高，此时选择采用间接营销渠道则能提高效率并降低成本。反之，在房地产商品供应不足的情况下，直接营销则是更好的选择。

（二）房地产营销渠道的类型

目前房地产营销渠道主要有直接营销渠道方式和间接营销渠道方式两种。

1. 直接营销渠道

直接营销是指房地产企业通过直接与消费者接触的方式进行销售的渠道模式。这个模式是为了避免委托物业代理所需支付的高额佣金而出现的。作为一家房地产公司，要对自己的楼盘有着深入的了解，因此要谨慎地进行宣传和沟通，避免使用过多的夸张语言。此外，房地产企业可控制营销策划的执行过程，从而降低营销成本，并控制房地产的销售价格。这种模式促进了房地产企业和消费者之间的直接交流，有利于了解顾客需求、购买行为和市场变化趋势，可以更好地指导企业的发展，并实现持续改善。

目前我国大多数房地产开发企业主要采取直接销售的方式进行营销，但这需要企业具备较高的能力。由于房地产开发企业缺乏同时懂得房地产营销和相关法律的高水平营销团队，并缺乏销售经验和网络，因此难以制定完善的营销策略，从而影响销售业绩。直销方式还会消耗企业受限的资源和决策层精力，如果在分配人力资源时没有妥善安排，往往会导致低效的销售业绩。因此，只有在以下情况下才会使用直接销售方式：①大型房地产公司内部设有专门负责销售的公司或楼盘销售部门；②目前市场处于卖方市场，楼盘供不应求，无需再寻求代理商；③房屋销售价格与成本相差甚远；④楼盘素质非常突出，市场反应良好，业主会预付部分或全部建设费用，因此不需要代理商；⑤企业自身具备市场营销技术、强大的管理能力、丰富的经验和充足的财力，需要直接控制营销情况。

2. 间接营销渠道

房地产产品的间接营销渠道是房地产企业经过中间环节把房地产商品销售给消费者（业主或租赁者），其交易过程为：房地产企业——中间商——消费者（业主或租赁者）模式。①

房地产间接销售渠道总体上可以归纳为两种不同的方式。第一种方式涉及房地产所有权的转移，例如，企业可以将产品的所有权完全转移到经销商手中，而不需要考虑其带来的收益和风险，这样就可以避免房地产企业承担责任。第二种方式则不涉及房地产所有权转移，例如，中间商的介入。使用间接营销渠道的优点为：可以简化房地产市场交易，促进专门化分工和分散风险。然而，间接营销渠道也有缺点：一是经营环节的增加，中间商的插手

---

① 黄湘红、刘东、代靖怡等:《房地产开发与经营》，中国建材工业出版社，2014，第118页。

会增加消费者的负担，也就自然会引起一些顾客的反感。二是消息更新滞后，如若房地产企业与中间商两者没有沟通协作好，消费者的需求信息和竞争对手信息就很难被及时得知，以致市场的变化趋势企业也无法及时得知，最终降低企业的营销效益。

（三）房地产营销渠道的选择

1. 选择渠道模式

房地产企业必须参考客户需求特点、约束因素及企业战略目标的要求，并据此决定哪种类型的营销渠道更为适合，可以考虑采用直接营销渠道或间接营销渠道。除了行业常用的传统渠道模式外，房地产企业还可以开辟新的渠道或同时采用多种渠道模式。

2. 确定渠道宽度

商品销售的渠道宽度是指使用中间商的数量，同一层次中使用的中间商越多，就是宽渠道；反之，使用的中间商较少，就是窄渠道。在选择每一层次所需中间商数量时，房地产企业可以采用两种策略：第一种是选择性销售策略，即在市场中选择最合适的几个中间商销售商品，适用于房地产大盘市场，并有助于企业扩大销售并进行竞争；第二种是独家销售渠道策略，即选择一家中间商来独家销售房地产商品，可以帮助企业控制市场和价格，提高服务质量和声誉，并也可以让中间商获得更高的利润，因为他们排除了其他竞争者。

（四）房地产营销渠道管理

一般来说，房地产营销的渠道管理主要包括渠道控制、渠道合作和渠道冲突管理三方面内容。

1. 房地产营销渠道控制

房地产开发企业在营销过程中通过引入各种标准来规范渠道成员的行为，从而控制营销渠道。这个过程的最终目标是以企业和产品为核心，实现最大化的经济收益。

（1）制定渠道控制标准。通过严格的渠道管理，可以更好地评估中间商的表现，这些表现可以从销售目标、市场份额、广告投入以及客户反馈来考核。

（2）检查和修正控制标准。渠道管理的标准应当维护一个相对稳定的状态，但是，一旦出现重大的市场波动，就必须立即采取措施来调整。已确定的标准需要进行充分的沟通和解释，以促使中间商们接受。此外，为了保持竞争力，公司应定期对中间商的表现进行评估，以确保他们按照既定标准执行工作。

（3）强化对中间商的监督。通过这项措施，我们的主要目的是防止中介商在销售过程中违反法律法规和商业道德。例如，我们可以通过加强对房地产经纪人的监管，促使他们遵守法律，并以合法的方式进行经营。

（4）对营销渠道进行评估。定期审查和评估房地产开发企业的营销策略是非常重要的。评估主要从渠道运营状况和经济效益两个方面展开。通过对渠道运营状况的评估，开发企业可以更好地了解渠道建设目标和分销计划，并检查任务分配是否合理，渠道成员的投入情况是否足够，以及是否存在渠道冲突，以及销售是否达到了预定目标等多方面进行考察。具体的评估内容涵盖了渠道的畅通程度、渠道覆盖范围、流通效率以及利用率，以及渠道冲突的情况等。

绩效评估共有五种工具，包括销售分析、市场占有率分析、渠道费用分析、盈利能力分析以及资产管理效率分析。为了科学评估销售渠道的网络效益，分销管理人员就要充分合理地运用五种工具。

2. 房地产营销渠道合作

房地产营销渠道合作主要两个方面，即了解中间商的需求和对中间商的激励。

（1）了解中间商需求。中间商是基于市场需要来决定要选择的房地产开发企业。而想要让中间商对产品感兴趣并为此买单，房地产开发企业首先要做的便是了解其需求，调动其积极性，然后在尽量满足其需求的基础上，让自己的产品能够有一个良好的销售渠道。

（2）激励中间商。为了维持良好的合作关系，并确保营销系统的有效运作，渠道管理应该成为增强双方关系的重要纽带。因此，实施中间商的激励机制至关重要。

3. 营销渠道冲突管理

营销渠道冲突是指在营销渠道内或不同营销渠道之间出现互相抵触的情况。[①]营销渠道冲突在房地产市场中不足为怪，主要原因则是各渠道或是渠道内各成员的利益不同。而冲突大多发生在渠道内部，如房地产企业委托多个代理商租售其房屋产品时，其以往的渠道设计与结构不能应对千变万化的市场环境，从而导致冲突的出现。其实，冲突不可怕，重要的是怎样面对与解决，下面主要介绍几种房地产营销渠道冲突管理的解决方法。

（1）建立信息共享机制。建立一个信息共享机制可以让双方都受益，并且能够促进渠道成员之间的合作，实现共同的目标。对于房地产开发企业来说，可以定期或不定期举办信息交流会，以加强与各渠道成员之间的沟通和交流。

（2）第三方机制。当发生冲突时，第三方机制，如调解和仲裁可以防止

---

① 张金环、何兰:《房地产市场营销》，北京理工大学出版社，2012，第8页。

冲突的升级，或者让已经升级的冲突得到控制。调解是指一个经由第三方进行的解决纠纷的过程，调解人可能会提出一些解决方案，这些方案可能会得到渠道成员的接受。调解的好处在于它可以促进渠道成员之间在目标和目的方面的相互理解和沟通。除了调解，仲裁也是解决纠纷的另一种选择，将纠纷提交给仲裁者同样是有益的。

（3）建立关系规范。渠道规范可以理解为对行为的期望，在渠道联盟中，渠道成员希望在顺畅沟通的情况下，轻松地适应不断变化的环境；希望为共同利益而不仅仅为一方利益工作。当一种关系中的某一种规范被确立为高水平时，其他所有规范也会变得更加高效。具有强力规范的渠道能够预防冲突并保持高效运作，因为无论哪方都不会为了自己的利益而影响渠道的整体利益。此外，通过遵守这些规则，渠道参与者可以更有效地解决分歧，使冲突不会影响渠道的正常运转。

三、房地产项目的销售策略

信息沟通活动是房地产销售的实质。如今的市场经济环境下，房地产公司和客户之间存在信息上的断层。这可能会出现生产者制造产品之后不知道该向谁销售，而消费者也不知道去哪里购买他们需要的产品的情况。因此，房产企业需要通过各种途径向客户传达有关商品和服务的信息，并提高他们对这些商品和服务的认识。通过促销手段与潜在顾客进行沟通，使他们从注意到房地产产品，最终实现房地产产品的成交。

（一）房地产广告策略

面对激烈的市场竞争，企业要想生存与发展，必须要学会营销自己，而最直接与最见效的方法进行大规模的广告宣传。但为了让广告宣传活动达到最佳效果，房地产企不但明确广告目标，还要制定业需要在确立明确广告目标的基础上，还应制定相应的广告促销策略。

以下是房地产广告的决策流程。

1. 制定广告目标

广告目标是指企业通过宣传推广等一系列活动想要达到的成果。确定广告目标是开展一切工作的基础，亦是广告活动成功的关键所在。广告最终的目的是推广商品，以扩大销售和增加盈利。广告宣传的直接目标可分为告知、劝导和提醒三种。广告目标应该在企业目标和营销目标的指导下制定，并在制定过程中明确广告的直接目标、诉求内容、诉求对象和区域。

2. 确定广告预算

房地产广告预算指的是房地产企业在发展过程中为了完成广告目标而设计的与广告使用费用有关的计划。房地产广告预算当中会明确确定房地产广告活动需要运用到的具体经费数额、经费的使用范围以及经费的运用方法，完善的房地产广告预算是各项活动可以有效开展的基本保障。房地产开发企业可以根据以往的经验并且参照竞争对手的费用投入，进行广告费用的估算。完善的广告预算可以在广告决策制定、广告工作管理以及广告效果评价等过程发挥重要作用。

常见的确定广告预算的方法包括：①销售百分比法，此方法是企业依据当前或预估的销售额百分比计算广告费用；②销售单位法，此方法是企业依据每单位产品所分摊的广告费用来计算；③目标任务法，此方法为房地产企业先把促销目标确定下来，而后明确为达到目标所需完成的任务，最后计算完成所有任务所需要的费用，此方法又称为单位累积法；④竞争对等法，是以竞争企业为参考标准而估算本企业的广告费用。

3. 设计广告和选择媒体

广告通过其创意和表现手法最终表达出来，因此创意和表达手法直接决定广告的效果。要想打动消费者，使其为产品买单，房地产企业就要遵循真实性、独特性、针对性和艺术性等原则来进行广告设计。广告设计一般需要经过调查、分析、酝酿、开发和评价决定五个阶段。

设计好广告后，需要确定载体进行信息传播，这个载体就是广告媒介。不同的媒介各有利弊，房地产广告通常选择报纸、电视、户外广告（如路牌、车厢广告、车站和广场广告）、销售点广告、直邮广告、传单海报广告、互联网传媒广告、杂志、广播、空中飞行物等。

4. 选择广告的发布时间

在选择广告发布时间时，有三个方面需要注意：发布策略、发布周期和发布时机。这些发布策略包括集中发布、连续发布、间歇发布和混合发布等。发布周期应该根据产品的营销规划和楼盘施工的进展来确定，一般情况下分为开盘期、高销售期、持续销售期和尾房清销期四个阶段。发布时机应该考虑到产品的销售季节、特性和受众等因素，以选择最佳的广告播放季节和时段。

5. 评价广告效果

企业发布广告后必须对其所产生的影响程度进行评估，即评价广告效果。企业需要评价广告是否达到了预期的目标，并在此基础上修正投放广告的战略计划，以确保房地产广告的最佳效果。另外，广告效果不仅仅是达成销售目标，更是表现为销售业绩的增长。

（二）房地产人员销售策略

1. 房地产人员销售策略的界定

房地产开发企业采用直接销售方式，即派遣销售人员现场宣传、销售商品以达到企业营销目标的策略称为房地产人员销售策略。通常，房地产企业会以两种方式进行销售推广：一是建立自有销售团队，在现场向客户介绍和销售产品；二是与中介销售人员（例如房地产企业代理商、经纪人等）合作进行销售。

尽管现代电子技术和通信手段已经逐步取代了人力销售的地位，但是房地产销售人员由于房地产产品本身的特点而不可替代。通过房地产销售人员与顾客的近距离接触，可以有效地传递企业和产品的相关信息；房地产销售人员通过与顾客的交流，还可以更好地了解顾客的需求，以便企业能够满足他们的需求；此外，房地产销售人员还可以跟顾客建立起良好的关系，以此来增加消费者向他人推荐和介绍房地产产品的口碑作用。

2. 房地产人员销售策略的程序

为了向消费者传递信息、促销商品，房地产销售人员需要直接与消费者对话。因此，这些销售人员应该具备高素质和规范的行为举止。此外，房地产公司不仅需要挑选、培训和管理销售人员，还需要严格规定这些销售人员的工作流程。房地产销售策略通常包括以下程序。

（1）寻找目标消费者

销售人员在销售产品之前，必须弄清楚自己的顾客在哪，这是房地产产品销售人员的一项经常性工作，是房地产产品销售人员开展其他活动前提。

销售人员为了提高销售工作的效率和成交率，可以通过多种渠道，比如收集相关信息、拨打电话、参加房地产展览、安排专业的接待、组织促销活动、亲自前往拜访、借助亲戚的推荐等，来发掘潜在的客户群体。一旦发掘出了潜在的客户群体，销售人员将对其进行严格的资质审核，从而确保其具备较高的价值和可能性，最终实现成功的销售。

（2）事前准备

在销售之前，销售人员需要掌握产品、顾客和竞争者三类关键知识，以便为客户提供最优质的服务。产品知识包括有关企业及其产品特点的信息，顾客知识则涵盖了潜在客户的个人、家庭、工作单位等情况，而竞争者知识则是指认清竞争对手的产品特点、市场竞争力和占据的市场地位，以制定行之有效的销售策略。此外，在挑选销售方式和访问时间方面也需要慎重，以确保与客户建立良好关系，取得销售成功。

（3）传递信息

在人员销售中，有效沟通是一项基本技能，它对于成功完成销售工作至关重要。在房地产销售中，销售人员不仅要向消费者介绍房地产的各种情况，如地段、价格、房型、质量、物业管理等，还可以通过向消费者展示相关的图片和视频资料来增强销售效果。这种方式是广告、营销推广或公共关系促销所无法实现的独特效果。

（4）产品介绍

房地产产品的特性与一般商品不同，由于具有高价值和不可移动性等特点，所以介绍阶段是促销过程的中心。销售人员在与客户的沟通交流中，能根据费者针对不同需求作有针对性的解释和说明，具体分析购买各类房地产产品所涉及的益损，引导消费者合理地选择购买本企业的房地产产品。

（5）应付异议

消费者提出异议是很正常的，这种情况可在销售过程中经常出现。为此，销售人员必须时刻准备好应对。经验丰富的销售员应当懂得如何与持反对意见的消费者进行交涉，以及如何恰当地运用言辞和论据应对。

（6）谈判及成交

以消费者的观点来看，他们自然希望商品价格尽可能低，支付方式越灵活越好，同时可以得到更多的优惠。但是对于房地产企业而言，则恰恰相反。因此，谈判的最终目标即在于寻求双方最优的利益平衡，从而达成交易。在谈判过程中，销售人员应该因势利导，针对消费者的不同需求，进行详细的解释和说明，特别是在价格等关键问题上，双方应该充分沟通，以获得满意的结果。

（7）事后跟踪

完成一笔交易并不代表销售工作已经完成。相反，这标志着销售人员需要开始新的销售工作。为了确保消费者的满意度并加强企业的宣传，销售人员应该认真跟踪之后的工作。通过跟踪访问，房地产企业可以更好地了解消费者对房地产商品的满意度，发现潜在的问题，并展示销售人员的诚意和关心，以吸引新客户，并树立良好的企业形象。此外，房地产企业还需要遵守房地产转让合同中的保证条件，例如按时交房、提供融资性服务或技术性协助等。

（8）调研的反馈信息

房地产销售人员能通过与顾客沟通和市场研究获取真实可信的信息。销售人员将这些信息反馈给相关部门，分析消费者、竞争和市场趋势，以便企业后续做出正确的决策和预测。

（三）房地产公共关系策略

1. 房地产公共关系策略的界定

公共关系指的是企业和消费者之间的关系，企业在塑造自身和消费者之间的关系时，需要考虑到二者关系对企业发展、企业形象的重要作用。房地产公共关系就是社会公众和房地产企业之间存在的关系，这里的社会公众包括两方面：一方面是内部公众，也就是房地产企业内部的股东或者工作人员；另一方面是外部公众，也就是社会当中的房地产企业、顾客其他竞争者、政府组织部门、金融部门、新闻媒体部门以及供应商、中间商等。

房地产开发企业应该正确处理自身和社会公众之间的关系，良好的公共关系可以让企业树立良好的形象，也可以让企业更好地打开市场、占有市场。

值得特别强调的是，尽管房地产企业的公共关系策略旨在实现经营和营销目标，但该策略的直接目的并非推动房地产产品的销售，而是提高企业在公众中的声誉和形象。

2. 房地产公共关系策略的实施

（1）分析企业形象现状。在企业进行公关活动策划之前，应该仔细分析和审查市场调查的材料，以确保它们是真实可信的。这样可以帮助企业了解自己形象的现状。

（2）确定公共关系策略目标。确定公共关系策略目标时，需要结合企业前期调查中确定的问题。此外，目标还应与企业整体目标相一致，并具体可行。同时，需要根据不同的目标确定轻重缓急，制定合理的优先执行顺序。

（3）确定公共关系策略的对象。公关策略通常面向顾客、中介、社区、政府和媒体等不同对象。为了确保公关活动更加科学和有效，需要在正式实施之前明确公关策划的主要目标。

（4）制定公共关系策略的实施计划。制定公共关系策略是一项综合性工作，需要包含多个活动的统筹安排。因此，公共关系策略的制定过程应该非常详尽和具体。具体而言，实施公共关系策略的计划需要针对策略目标进行细致的设计和安排。举例来说，可以举办展览会、庆祝会或者招待会等活动。

组织各项活动、制定各项公共关系策略的过程中，需要考虑到预算开支是否足够，人力资源是否充分以及是否会出现其他不可控因素。

（5）将公共关系活动内容编写成策划书。讨论公关计划之后，需要将计划总结成书面形式的策划书。在此基础上，还要建立与公共策划有关的文书档案系统。建立文书档案系统之后，才能找到与公共关系活动有关的各种文字信息。具体来讲，策划书当中应该涉及以下内容：封面、序文、目录、宗旨、内容、预算、策划进程表、人员的分配、责任表及其他与策划相关的资料。

（6）实施公共关系策略。实施共关系策略通常会按照预定的步骤顺利进行。为了达到最佳效果，必须建立良好的社交网络和与传播媒介相互作用的个人关系。在具体实施公共关系策略的过程中，如果发现公共宣传和社会其他事件之间有较大的联系，并且事件在社会范围内形成了较大的影响力，那么必须实时关注公共关系策略的发展情况。如果发现公共关系策略开始向不利的方向发展，那么，必须立即采取有效的措施来阻止这种行为。

（7）评估公共关系策略实施效果。公共关系策略的实施效果一般可以从三个方面评估：曝光的频率、反响以及促销前后销售和利润的比较。

（四）房地产营销推广策略

1. 房地产营销推广的界定

营销推广也可以被叫作销售促进。营销推广指的是房地产企业为了激活市场活力，让消费者购买房地产产品而使用的各种各样的营销方式、促销手段。营销推广包括人员推广、公共关系推广、广告推广以及其他可以激发消费者购买需求的促销方式。

同其他行业一样，房地产营销推广的促销手段与方法也形式多样，比如抽奖、分期付款、赠送家电、赠送装修、赠送物业管理服务费等，几乎包括除人员促销、广告促销和公共关系促销以外的各种促销手段。

营销推广虽说可以在短时间内刺激产品销售，但其缺点也很明显，即持续时间比较短，所以对于品牌的建立与维护的帮助并不大，所以，房地产企业一定要慎重使用此策略，避免背道而驰。

2. 房地产营销推广的实施过程

（1）确定营销推广的目标

针对不同的目标对象，房地产营销推广策略会有所调整。针对消费者，应该鼓励他们购买产品；对于中间商而言，应该促使他们更加专注于销售本企业的产品；对于销售人员，应该鼓励他们努力销售和拓展市场。实施这些策略的最终目的是扩大销售规模。

（2）选择营销推广的工具

选择营销推广工具要综合考虑多方因素，如营销推广的目标、市场环境以及各种工具的特点、成本和效益等，切不可片面地做出选择。

为了吸引消费者，企业会提供多种营销活动，包括优惠券、优惠促销、抽奖活动、折扣优惠、样品展示以及无效退款等。为了让中间商更容易参与企业的活动，企业还会提供各种支持政策、合作宣传、促销活动以及销售比赛。通过提供奖励、举办销售比赛和提供礼物，可以为销售人员提供更多的营销支持。

（3）制定营销推广方案

在制定营销推广计划时，必须考虑多个要素，比如制定成本预算、明确受众群体、选择最佳营销方式、确定合理的推广时限以及预估总预算。

（4）实施和控制营销推广方案

实施阶段的努力至关重要，其是营销推广方案成功的关键所在。这种努力包括两方面的工作，一是控制推广程度符合预期，二是及时应对一些未预测的情况，以最大限度地消除干扰并确保方案的成功。

（5）评价营销推广的效果

对于营销推广效果的评价，参考因素比较多，其中包括对本次活动的总结、对促销方式的有效性的探究，以及如何运用其他促销策略来提高整体营销效果。此外，通过评价对今后营销推广手段的改进与提高也具有重要意义。通过分析租赁销售量的变化，进行调研并进行实验，可以得出有效的结论。

第三节　房地产开发项目销售管理

本节主要介绍房地产开发项目销售管理中销售现场管理和售后服务管理。

一、房地产开发项目的销售现场管理

（一）销售人员管理

房地产销售人员主要有两种：首先，一般销售人员，比如说出现在售楼处的销售代表；其次，销售专家、销售经理，这些人员除了负责基本的售楼任务之外，还要负责管理工作。一般情况下管理人员指的是可以领导和带动其他工作人员的人，在房地产产品销售过程中，销售专家、销售经理就需要带领一般销售人员展开工作。与此同时，负责相关的管理工作。具体来讲，对普通销售人员管理可以使用以下几种管理方式。

1. 建立管理人员规章制度

销售人员规章制度可以约束全体销售人员的大部分行为，可以从硬性角

度管理销售人员，普通销售人员开展工作，必须按照规章制度中的要求有序开展，一旦涉及违章问题，就必须受到相应惩罚。

销售人员规章制度涉及的内容有销售人员劳动纪律准则、销售人员绩效考核、销售人员职责范围以及工作准则等。

2. 引导普通销售人员自我管理

房地产企业除了制定销售人员群体要遵循的基本规章制度之外，还应该引导普通销售人员开展自我管理，自我管理可以提升工作人员的创造性、自觉性以和积极性。

在引导普通销售人员进行自我管理时，可以使用个人行动管理方式。此种方式当中比较常见且有效的方法是要求销售人员每天撰写工作日志，将自己开展工作的时间、工作的地点、工作的进度以及工作的结果清晰地记录下来，这样销售人员可以反思和检查自我工作。

销售人员在撰写工作日志时，需要将以下内容撰写到工作日志当中：接听电话情况、留有电话情况、电话回访情况、客户组接待情况、客户组回访情况、销售成交数量等情况。

3. 编制销售人员手册

销售人员手册指的是涵盖各种销售文件的手册，销售人员手册当中需要涵盖与销售有关的文件，这样销售人员才能查询到相关信息，及时为客户提供相关信息，才能提升自身的专业程度。除此之外，销售人员手册的编制还可以帮助销售人员更好地总结、保存相关销售文件，避免文件丢失。

销售人员手册当中应该涉及的内容有：各个楼盘的说明书、图片、楼盘价目表、公司的营业执照、公司获得的预售许可证明、交易付款方式的说明、购买房子的具体程序、房产证的办理程序、要缴纳的税费明细表、按揭贷款利率明细表以及公积金明细表等。

4. 制定销售人员统一说辞

每一名销售人员在回答客户问题的时候应该使用统一的说辞，让客户了解到最标准的答案，与此同时，说辞的统一可以避免不同售楼人员对相同问题做出不同，甚至矛盾的回答，引发不必要的误解，所有人员回答说辞的统一也能够在用户心中构建起更良好的企业形象。企业应该培训销售人员，让销售人员按照书面标准文本当中的内容回答相关问题，企业需要负责编写书面标准文本。在编写时，企业应该提前预想客户可能会提出哪些问题，并且将问题划归成不同的类别，帮助销售人员分类记忆。客户在购买房产的过程中可能会存在某些方面的疑虑，这时销售人员就需要针对疑点做出清晰的回答。当客户决定购买房屋时，他们可能会对一些问题感到困惑或犹豫不决。客户在得到清晰的解答之后可以有效地解除疑虑。销售人员应该在理解统一说辞的基础上背诵，这样才能理解客户提出的问题，才能找准问题的重点，然后给予针对性的解答。

5. 召开销售人员工作例会

销售人员工作例会指的是企业应该定期组织全体销售人员参与销售工作会议，销售工作会议有很多形式，举例来说可以在每天开始工作之前召开晨会，也可以在工作结束之后召开夕会，除此之外，还可以是定期组织周会或者月会。通常情况下，如果楼盘准备正式发售或者楼盘正处于促销期间，那么企业应该每天开展一次工作例会，其他时间可以每周开展一次或者两次例会。

工作例会的召开，最好做到精简紧凑。具体来讲，工作会议当中应该涉及以下几方面的内容。

第一，会议当中应该表扬工作认真、工作成果优异的工作人员，这样才可以激发和带动其他工作人员的积极性、主动性。

第二，会议当中应该着重分析工作开展遇到的难题，然后解决难题，提升销售业绩。

第三，介绍当前楼盘的销售信息、销售发展动态，让售楼人员对本企业的发展以及其他竞争企业的发展有基本的了解。

6. 进行销售人员工作考核

售楼人员应按照相应的岗位制定考核方案，以督促其认真工作，努力实现公司的销售目标。

（二）售楼处的管理

售楼处就是人们常说的卖场。卖场就是售卖商品的场所，因此，售楼处的主要作用是展示和销售房产产品。它是房地产销售的重要场所之一，客户会通过售楼处的形象来判断产品。所以，无论是开发商还是代理商，都非常关注售楼处的管理。

在选择售楼处地址时，应该遵循以下原则。

第一，售楼处应该和项目的实际地址比较接近，这样客户才能实际到现场看房。很多企业会选择项目的一楼底商作为售楼处的前身，然后进行一定的装修，这样既方便又节约成本。

第二，售楼处应该设置在比较醒目的位置，这样才能更好地吸引人流，才能带来更多的客户。与此同时，售楼处应该装修得漂亮，有一些楼盘虽然位置比较偏僻，但是企业会在人流比较多的地方设置楼盘的展厅，同样有助于树立品牌形象。售楼处需要醒目的设置，这样才能让客户一眼就看到，从众多的建筑当中识别出来。如果建筑本身不醒目，那么企业需要借助其他的方式让售楼处变得醒目。举例来说，可以做大型的广告牌或者借助一切可利用的资源进行自我宣传。

值得注意的是，售楼处的布置在很大程度上影响了客户的观感。通常情况下，售楼处的布置品味会影响到客户对楼盘质量的印象，通常情况下，售楼处应该设置在光线好的地方，这样才能让客户感觉到温馨明亮，才能给用户留下良好的印象。与此同时，售楼处还需要提供优质服务，这样客户才能在轻松自在的情况下去了解楼盘的相关信息，并且接受销售人员的推销，这在一定程度上可以促进房地产产品的销售。

售楼处通常情况下需要展示楼盘，也需要接待用户，所以售楼处应该清晰地设置不同的功能区。举例来说，应该设置楼盘展示区、客户接待区、房产签约区以及交款区等。在设置售楼处的功能区域时，应该考虑它们之间的联系，以确保它们能够满足需求。与此同时，功能区的设置要符合人的游览顺序。举例来说，售楼处门口应该优先设置展示区，然后设置洽谈区、签约区，一步一步地引导客户完成房产签约。售楼处的各项功能区域设置不能太过随意，用户的浏览参观也不能是随意地四处参观，而应让客户感受到销售人员的专业化和规范化。

上面主要是站在功能区域的层面分析售楼处，如果想要站在审美层面分析售楼处的设置，那就要求售楼处的装修应当简洁明快、清新怡人，给人以温馨和美的享受，当然这属于美学范畴，在此不做讨论。

二、房地产开发项目的售后服务管理

房屋销售完成之后，房地产企业还应该着重关注售后服务的管理。安排专业的接待人员处理客户的投诉，为客户解决问题，让客户可以生活在干净更舒适的环境当中。售后环节最重要的是物业管理，开发商可以将物业管理工作委托给专业的物业公司为客户提供良好的体验，也可以自己创办物业服务企业，和客户更具亲切感。无论开发商选择哪种方式，物业管理工作的目的都是为了让客户获得良好的居住体验。良好的物业服务可以为房产销售累积更好的口碑，可以在一定程度上推动房产销售。

如果房地产开发公司规模比较大，那么最好是自己成立物业服务企业，这样可以发挥出公司的集团效应，如果房地产开发公司规模比较小，那么房地产开发公司应该在房子出售率至少超过 70% 之后再委托物业管理，在刚开始销售时，最好自主开展物业管理，这样有利于及时发现问题并及时处理客户的投诉。最稳妥的方式是楼盘全部出售完毕以后，房地产开发公司再考虑选择竞标的方式将物业服务工作委托给专业的物业公司。

第四节　房地产经营管理的提升策略

一、建立健全的内部控制机制

在企业内部，根据企业管理的基本原则，人才是控制工作不可或缺的控制目标。实现房地产开发企业改革的决定因素是建立健全内部控制管理机制。

首先，内部控制原则应该以风险为导向。房地产开发企业应该从行业的实际发展情况出发，结合地区经济发展情况，构建一套风险控制运行机制，并以企业风险管理体系为主导，将房地产项目投资建设的风险和特点梳理清楚，根据实际情况制定风险控制措施。

其次，明确分工，建立科学的岗位制度。公司内部管理机制和控制的重要核心是明确内部分工和建立约束管理制度。公司必须明确公司内部的工作职责，合理分工，不断深化内部管理，由此落实公司内部的监督制度以及岗位制度，让管理人员的工作能力和水平相互匹配。与此同时，在开发和营销房地产项目的过程中，还应该严格按照规定要求完成项目审批等各个环节，严格规范项目招标、项目建设、工程造价以及验收等质量指标，明确公司投标的项目。除此之外，房地产开发公司必须建立健全内部督查制度，定期开展内部督查活动，把专项内容控制和内部督查结合在一起。每家公司的真实经营情况都可以通过不同的审计方式被了解，相关人员还可从中发现公司存在的问题，让公司的管理层及时改进和调整，最终实现战略目标。

二、加强财务管理控制

虽然我国土地资源丰富，但人口众多，因此我国土地的人均占有面积较小、人均可持续利用的土地面积低于世界平均水平。所以，一些国家将我国的社会经济发展需求水平作为土地价格的衡量标准是不准确的。在市场竞争中，房地产开发企业不但需要投入大量的人力资源和资金，还需要花费一大笔支出在土地出让金、契税以及各种税收预算投资上。所以，房地产企业从项目开始到最后都需要很多周转资金，需要消耗很多人力、物力和财力资源。正因如此，房地产企业在经营的过程中一定要加强风控能力和财务绩效管理能力，在项目前期，企业就应该对投资进行合理计算和风险预测，以此保障企业的整体利益。

三、培养独特的企业文化

企业文化是企业发展的基础，内部文化是其中不可或缺的组成部分。房地产开发企业应该营造和谐良好的工作氛围，通过构建独具个性的企业文化，来指导并促进员工的专业发展，从而提升公司的竞争力。

第一，树立正确的人生观。在国民经济以及房地产开发企业发展过程中，公司党委干部是产业的新支柱，必须坚定不移地跟党走，坚定地树立正确的人生观，积极贯彻落实党和国家的政策，把企业的干部队伍精神和思政教育工作有机整合在一起。

第二，加强公司党组织的领导，加强建设公司的中层干部经理队伍，在公司党组织的领导下建设高素质管理人才队伍。除此之外，公司也应该重视基层员工的心理健康以及日常生活，积极开展形式多样的业余活动，通过培训活动加强干部员工对企业管理文化的认同，引导员工理解和实现企业愿景，采取人性化的管理理念，增加企业凝聚力和向心力。对于表现优秀的员工，企业应该及时表扬他们，进而提高公司员工的凝聚力和归属感，促进公司规章制度的良好实施。企业文化可以约束和规范员工的违法行为，提高员工的思维和综合素养，进而提高企业在行业中的竞争力。

四、加快企业信息化建设

房地产企业项目运营的主要核心是建设房地产工程项目。一般情况下，项目的建设周期都比较长，涉及的行政管理部门也很多，各部门之间的信息有效沟通不但可以保障整个项目的建设质量，在一定程度上还会影响项目的损益。比如，当行业更新投资项目信息时，公司可以通过网络系统及时了解投资项目的信息，根据行业信息技术资源数据库跟踪、了解和分析行业的最新发展动态和技术更新动态并及时通报全公司各个部门，使公司能及时做出战略调整。在此过程中发现并应用行业中的新资源和技术，从中找到最合适的投资伙伴，共同构建完善的供应链管理系统，并通过详尽的市场分析掌握当地消费者的偏好和需求，做到及时预测市场发展趋势，为项目开发建设提供可靠的数据分析，最终促进房地产企业的良性发展。

总而言之，在新的发展趋势下，房地产行业管理正在发生着巨大改变。以物业管理为例，传统模式下的物业管理理念和模式已经无法满足房地产企业的良性、健康发展，更不能适应当下的市场需求。所以，房地产企业应该与时俱进，紧跟时代的发展步伐，从行业发展趋势的特点出发，不断优化和升级企业文化管理模式，不断建立健全内部控制管理制度，不断提高中层员工的专业文化素养，积极探索新的发展模式，构建促进企业文化发展的新进程，着力于增强企业的核心竞争力，促进企业的稳健发展。

第六章　房地产物业管理与运作研究

第一节　物业与物业管理概述

19 世纪 60 年代，英国借力于工业化的快速发展，推动了房地产经济的发展。现代化建筑、现代化设施和设备以及现代化的技术和材料，为物业管理带来了更为专业化的基础。这就是物业服务作为一种不动产管理的模式得以形成的历史背景。

一、物业

物业的英文为 Estate 或 Property，含义为财产、资产、地产、房地产、产业等。自 20 世纪 80 年代引入国内以来，物业已形成了一个完整的概念。广义的物业指土地、土地附着物以及它们的组合；从狭义的角度讲物业是指已建成并经验收合格后交付使用的有价土地与各类房屋及其相配套的设施、附属设备以及相关的场地。本书中所称的物业是其狭义的定义。

土地附着物包括建筑物、构筑物、设施设备和花草树木等。

各类房屋指各种功能不同的房屋，如住宅、写字楼、工业类建筑、学校、医院等。

"配套设施"和"附属设施"指的是为了满足人们日常生活、工作、娱乐、健康和休闲等需求而建造的一系列系统化设施。这些设施包括但不仅限于电力、水、暖气、燃气和排放系统。

相关场地的是与住宅或办公场所相联结的区域，例如停车场、户外运动场、城市公园、水池、草地以及非主干道路等。

物业是房产和地产的融合，要想称之为完整的物业，单凭一栋建筑或缺乏设施的楼宇是不够的。物业按使用功能的不同可分为以下几种类型。①居住物业，包括住宅小区、公寓、度假村、别墅等。②商业物业，包括写字楼、百货商场、大型超市、酒店、宾馆等。③工业物业，包括工业厂房、仓库等。④其他用途物业，如机场、学校、医院、政府大楼、体育场地等。

二、物业管理

（一）物业管理的含义理解

我国《物业管理条例》对物业管理做如下定义：物业管理，是指业主通过选聘物业服务企业，由业主和物业服务企业按照物业服务合同约定，对房屋及配套的设施设备和相关场地进行维修、养护、管理，维护物业管理区域内的环境卫生和相关秩序的活动。[①]

物业管理的核心在于业主委托物业服务企业对其住所及其附属设备进行全方位维护管理。这包括维修、管理和养护区域内的基础设施、房屋设备、如何维持环境和推进相关活动。物业服务企业在依据国家法律、合同和契约

---

① 详见《物业管理条例》第二条。

获得管理权后，应用专业现代化技术，如维修和养护技术以及科学化的管理技术，管理、维护和修缮区域内的房屋、设施、绿化、交通卫生、治安等项目，为业主提供多功能、全方位的管理服务。物业服务以经济手段为业主及使用者提供便利、高效并周到的管理服务，以最大化发挥物业的经济和使用价值。

一般来讲，有以下几层含义：①物业服务是以合同、契约为中介的委托管理。②物业服务是通过提供有偿物业服务来获取经济效益的行为。③物业服务是通过对物业及其设施设备的管理来为业主所用的服务。[①]

作为第三产业的物业服务，是集管理、服务与经营于一体的有偿服务，属于房地产销售环节中的经营管理活动。

（二）物业管理的基本特征

1.社会化

物业管理社会化指统一管理分散的社会分工。例如，从前管理、修缮房屋，维护区域内的水电供给、卫生环境、交通安全等公共事务过去多是由不同企业管理，当下为了便于统一管理，改为物业服务企业统一管理。物业管理社会化还可以最大限度地发挥小区的综合能力和效益，进而实现社会、经济和环境效益的有机整合。

物业管理社会化包含两个内涵：第一，物业服务企业由物业所有权人在社会中选聘；第二，物业服务企业寻找代管物业，也需要到社会上寻找。

当前，物业管理社会化的必要前提是将物业使用权、经营管理权以及所有权分离；实现物业管理社会化的必要前提是现代化生产的专业分工。

---

① 任宏：《房地产开发经营与管理》，中国电力出版社，2008，第203页。

2. 专业化

物业管理专业化是指按照签订的委托合同，专业的物业服务企业根据使用者和业主的需求和意志实施专业化的物业管理。物业管理专业化需要企业配备专业的管理人员，需要设定专门的组织机构，需要配备专门的管理设备和工具，需要制定科学、合理的管理措施，制定规范的工作流程，科学合理地利用现代管理技术，提供专业化的管理服务。

3. 企业化

物业服务企业化最重要的是根据现代化的企业制度建立管理企业，让物业服务企业成为相对独立的经济体，成为自主经营和自负盈亏的企业，并且物业服务企业化必须具备业务法人和相应的权利。

4. 经营型

过去，中国的住宅管理是由政府来实施的，具有福利性，不存在以业养业。但是，现在的物业服务企业需要自负盈亏、自主经营、自我发展，属于经营服务性企业，需要产生经济效益，不然无法在社会上生存和发展。现代物业服务企业的基本业务都是有偿的，大部分业务涉及房屋出租、出售、代售以及业主和使用人的针对性需求，所以，现代物业管理的重要属性是经营。通过开展各种各样的有偿经营业务，改善企业的资金来源，从而可以促进其健康发展。

5. 统一性和综合性

系统化的物业设施，多元化的物业产权以及多头管理的弊端等，都亟须建立统一的机构来落实各项物业管理工作。应对这种现实需求，物业管理模式的企业化、专业化和社会化管理将有效统一和办理各项管理服务工作，将这些工作集中在一起分配，形成有序的管理体系。因此，随着物业管理的有效统一，各产权使用人不再需要同时面对很多家物业服务企业，一家企业就可以解决与物业服务相关的日常事宜。所以，物业管理具有明显的综合性。随着社会的不断进步发展，社会工作分工也越来越明确，物业服务企业为了提高工作效率和保障企业效益，将各专项工作分包给专业的公司，比如清洁公司、维修公司以及绿化公司等，由此，物业服务企业的角色变成了"总承包"以及"大管家"，核心工作变成了监督和检查外包公司的工作。在物业公司的统一管理下，区域内的产权人和使用者只需要缴费就可以获得便捷的管理服务。物业服务企业和专业公司的技术职能相结合，不仅可以提升整体的管理服务水平，还可以降低物业的管理成本。

6. 规范性

物业管理规范性包含三层意思：第一，物业服务企业需要依法到工商行政管理部门登记和注册企业，并接受审核，遵照相关政策法规合法经营；第二，物业服务企业应该以规范的流程接管物业，换言之，以契约的形式得到业主或开发商的聘用；第三，物业服务企业应该依照法律法规提供专业管理和服务，除此之外，还需要接受业主以及政府部门的监督和检查。总而言之，物业管理的一切运行发展都必须规范有序，这是发展的必要前提，这也是物业管理作为服务业长久发展的根基。

7. 中介性

物业管理的根本宗旨是为业主和使用者提供尽善尽美的服务，尽全力满足业主和使用者的日常需求。但是，物业服务企业并不是万能的，并不能包揽所有的服务，所以物业服务企业的经常性工作变成了寻求社会支持、找代理公司、交换和服务等。比如，代聘公司、代找家教、代理求职等等。大部分日常事务都能找到代理公司，这也充分体现了物业管理的中介性。

8. 受聘、受托性

物业的管理权来源于业主。当下，物业建造的档次都比较高，产权分散，但体系相对完整，产权人不可能高效地管理自己的物业，所以通常情况下，产权人会把管理权和所有权分开，将管理权交由开发商聘用或委托的物业服务企业代为管理，将自身的管理要求明确指出来，再给予相应的报酬，此时业主只需要负责监督，而物业公司行使管理权，由此体现了物业公司的受托性。

（三）物业管理的支撑点

第一个支撑点：业主的自治自律。业主的自制自律包含两个重要环节。第一，应该制定一个业主公约，全体业主共同遵守，通过制订公约，我们旨在引领、规范和限制各位业主的行为，让全体业主都自觉维护公共利益、保护公共环境，从而达到预期效果。业主公约可以有效保证所有业主自律，这也是实现业主自治的必要前提之一。第二，成立业主委员会，该委员会作为全体业主公共利益代表，负责整个物业的管理。该委员会还将提出具体而合理的物业管理要求，并与物业服务企业制定合同进行物业服务。除了协调和监督物业服务企业的工作，业主委员会还负责维护业主的合法权益，并确保他们能够选择合适的人来管理小区。

第二个支撑点：实现物业服务企业的统一管理和专业化管理。物业管理需要处理的事情很多，需要协调和处理各种各样的矛盾冲突和关系，管理工作需要有较强的专业性和技术性，因此，实现统一、专业化管理的必要前提是提升整体的管理水平和降低管理成本，并让物业服务企业全面承担管理物业的责任，做好"总管家"的工作。

（四）物业管理与传统房产管理的区别

传统模式的房地产管理属于计划经济模式下的行政福利管理。负责管理工作的是政府的职能部门和相关单位专设的部门，比如房管所、总务部门以及各单位房管部门等。传统模式下的房屋产权比较单一，归根结底，房管者代表国家管理房产，一直以来，房管者都处于主导地位，由房管者管理住户，呈现出管理和被管理的关系。房管者主要的管理内容是维修和养护基础设施建设和房屋建设，形式单一。除此之外，房管部门的工作是无偿的，执行"以租养房"的方针，在实施的过程中，因为采用的是低租金制度，所以存在管理经费不足的现象，由于缺乏充足的资金支持，随着新建住宅数量的增加，国家的财务压力也会变得更加沉重。

物业管理是市场经济发展模式下的产物，物业管理属于经营型、服务型管理。实施管理的是具有法人资格的企业，把所有房产的产权分散，处于主导地位的是业主，物业管理的角色是"管家"。业主与物业服务公司之间存在着一种互惠互利的关系，而物业服务公司的运作则构成了一种商业活动，具有重要的社会意义。物业服务企业的管理内容不仅需要维护和养护物业，还需要提供尽可能周全的专项管理和服务，比如，卫生清洁、绿化、治安以及交通等。此外，物业管理的模式属于"以业养业"，管理的费用主要来自业主和使用人员，物业服务企业属于核算独立、自负盈亏的经营型企业。

由此可见，物业管理属于综合性管理，需要和房地产共同开发现代化的生产方式，并形成与现代化配套的管理模式，除此之外，物业管理还需要和住房制度改革形成统一的物业产权多元化格局，需要与市场经济体制相适应，形成社会化、专业化的经营管理。市场经济体制下形成的物业管理模式具有非常鲜活的生命力，可以促进物业管理服务的全方位、多层次发展以及市场化经营。

第二节 物业管理范围及机构

一、物业管理的业务范围

物业管理是一项复杂的、多元化的服务，涵盖了各种领域，从业务范围上来看，可以将它划分为以下几大类。

（一）常规性的公共服务

常规性的公共服务是指物业管理工作中的公共性服务和管理，常规性的公共服务也是所有业主和物业使用人享有的最基本的物业管理服务，公共服务的最终目的是保障物业的正常运行，维持良好的生活和工作秩序以及提供良好的生活、工作环境。对物业来说，应该具备的效能是时刻保持物业范围内的设施设备处于良好的工作状态，否则物业的管理服务没有什么价值可言。并且保持这种良好的运行状态需要经常性地维修和保养计划。

因此，物业管理常规性的公共服务主要有以下几种。

第一，物业维修管理。物业服务企业应当负责管理房屋及其配套设施的维修和维护。同时，他们也应负责保持走道、楼梯和屋顶等区域的清洁。此外，物业服务企业还应审核并批准房屋装饰和装修，以及负责设计和管理这些方面的工作，以确保所有工作的安全性。

第二，物业资金管理。物业资金管理要求物业服务企业承担房屋公用部位、公用设施设备的专项维修资金的代管服务（根据规定专项维修基金应该有物业行政管理部门代收代管）、对收费服务代收代缴。

第三，物业设备管理。设备管理，顾名思义，一定要保证设备的良好运行，并做好维护与检修工作，及设备资料的记录与保存工作，主要包括供水、供电、供气和机电等公共基础设备。

第四，物业安全管理。无论在何时何地，安全永远处于第一位。物业服务企业一定要保障道路安全、设备安全、消防安全以及做好安保工作。道路安全方面，企业要做好小区内的道路设计工作，保证道路通畅，或是采取人车分离措施；设备安全方面，企业要保证基础设施的安全性，及时检查维修；消防安全方面，企业一定要设置消防通道，配备消防器材，并给业主多多普及消防知识；安保工作方面，主要是加强保安队伍的建设，保安人员应具备明显标志，遵守工作规范，作风严谨，以打造一支优秀的保安团队。小区可以进行封闭式管理并全天候实行保安制度。

第五，物业环境管理。物业环境管理需要物业服务企业维护物业和周边环境的卫生情况。这包括及时处理生活垃圾，确保污水和雨水的及时排放，做好小区的绿化和维护工作，以及营造一个愉悦且干净的生活环境。

（二）针对性的专项业务

专项服务，顾名思义，是企业专门为满足部分业主、物业使用人的特定需求而设立的服务项目。这些项目的内容、质量和收费标准都会被明确公示，业主和物业在需要时可自行选择。事实上，专项服务是一种特殊的代理服务，它致力于帮助业主、物业管理者以及其他相关方面的客户，以满足其日常生活及职场的各种需求。

通过专项服务，企业可以为业主提供多种便利，从基本的日常生活需求到商业、社会、文化、教育、医疗以及其他多种中介服务。内容包括日常生活服务、商业与社会服务、文教与卫生服务和各类中介服务等。①日常生活服务包括家电维修、房屋清洁、衣物维修等；②商业与是社会服务涉及物业服务企业与商业、邮电和银行等有关部门协作建立各种服务网点；③文教与卫生服务，如物业与教育部门协作，在小区内开设幼儿园，与卫生部门合作，开设保健站等；④各类中介服务包括房地产评估、法律咨询、保险代理、市场交易等。

（三）委托性的特约服务

委托性的特约服务是指为了满足业主或物业使用者的个性化需求，物业管理接受他们的委托提供相应的服务。物业服务通常是服务合同中没有设立和约定的服务，但业主或物业使用者又需要这方面的服务。实际上，特约服务属于补充和完善专项服务，如果某种特约服务有较多的业主和使用者需要，物业服务企业应该将此项特约服务设定为专项服务。比较常见的特约服务有：代送书报、代送就医、喂药、代办商务等。这些不是专项服务的项目根据不同的情况协商定价，基本以轻利或微利为收费标准，也有小部分不收取费用。

（四）其他多种经营业务

目前，我国物业管理业务处于培育和发展阶段，尚未形成规模化的企业管理。所以，还有一部分物业服务企业的服务收费处于入不敷出的状态。由此，企业不得不运用一业为主，多种经营方式并存的方式维持管理；将多种经营方式获得的收入填补管理费用短缺。从另一个角度来看，如果物业服务企业能够树立好自己形象，就能够带来社会效益，并且能够促进物业服务业务的发展。随着社会对物业服务业务需求的不断增加，物业企业也能够进一步推行多种经营来满足需求并发展业务。因此，多元化的商业活动已成为物业管理公司的核心业务之一。目前，物业服务企业开展的多种经营业务包括：工程咨询和监理、物业租售代理、通信及旅行安排、智能系统化服务以及专门性社会保障服务等。而实行多种经营的物业服务企业可以选择其中某些项目来展开多种经营的业务。

以上四个类别的业务项目为物业管理的基本内容，且具有相辅相成的内在联系。物业服务企业应始终坚持"以人为本、以业主为中心"的中心思想，做好以下几点：首先，要注重常规性的公共服务，因为其是企业的立足之本；其次要根据自身特色与能力以及住户的服务需求，定制有针对性的专项服务以及委托性的特约服务，让住户住得放心、满意；再次，为了实现经营性服务的灵活性，企业应采取样的经营机制和服务方式；最后，作为社会的一分子，企业要始终牢记自己的社会责任，积极承担责任，为社会贡献自己的一分力量。总而言之，作为服务企业，物业公司要不断提升自己的业务水平，以促进物业管理的健康发展。

二、物业管理机构

（一）物业服务企业的设置

物业服务企业是根据国家法律规定注册成立的企业，拥有经营物业管理业务的必要条件。它会按照与业主或业主委员会签订的合同规定，对物业进行专业化管理，并根据具体情况收取相应的报酬。组建物业服务企业要遵循《中华人民共和国公司法》相关规定，主张市场化、社会化、专业化和企业化的原则。

1.物业服务企业的资质审批取消后带来的影响

物业管理企业资质是指物业服务企业资质证书，在 2019 年以前没有资质的企业不能进行从事物业管理经营物业管理，目前已经取消所有资质认定，原来企业资质等级分为一、二、三级。2017 年 01 月 21 日，《国务院关于第三批取消中央指定地方实施行政许可事项的决定》（国发〔2017〕7 号）规定，国务院决定第三批取消 39 项中央指定地方实施的行政许可事项。其中第 12 项为：物业服务企业二级及以下资质认定。并规定：取消审批后，住房城乡建设部要研究制定物业服务标准规范，通过建立黑名单制度、信息公开、推动行业自律等方式，加强事中事后监管。2019 年 9 月 6 日国务院常务会议同时决定，再取消物业服务企业一级资质核定。①

为了建立一种市场准入制度，资质管理作为一种行政许可应运而生。但随着我国物业行业的不断发展，日渐成熟，绝大部分的物业企业具备了资质管理所要求的条件，而注册资本等条件则逐渐沦为一种审查形式，这就导致其不但不能达到设立之初的目的，反而为企业增加了很大的负担。故而物业资质的取消成了必然。

2021 年上半年，为了保障公众的合法权益，全国范围内取消了对二级及更低级别物业服务企业的审核。住建部又于 2021 年 9 月 6 日发布了一项重大举措，宣布取消对物业服务企业一级资质的认定。

根据住建部的《关于做好取消物业服务企业资质核定相关工作的通知》，所有地区都必须停止审批这些企业的资质，并且禁止对其进行任何形式的资质变更、更换或补充。此外，不得以任何方式要求将原核定的物业服务企业资质作为承接物业管理业务的条件。这就意味着，物业资质已经成为过去时

---

① 详见《国务院关于第三批取消中央指定地方实施行政许可事项的决定》第 12 项。

了。这对业主、物业企业和物业从业人员都带来了相应的影响。

《物业管理企业资质管理办法》的出台，严格限定了低资质企业提供的服务范围，这给业主带来了极大的不便，他们无法自由选择。一级资质取消审核，终于让消费者熬来了市场经济的春天，以后选择物管企业，不再有任何资质的考虑限制了。

对于物业企业来说，一级物业企业资质的取消审核，会倒逼已经取得资质但服务质量堪忧的物管企业开始把注意力放在如何提高自身服务水准和运营能力上；其他没有资质限制的企业更是会摩拳擦掌，跑马圈地；随着"物业服务"内容的取消，拥有"物业服务"内容的企业可以自由参与物业服务项目的投标，不再受到任何资质限制。

对于物业从业人员来说，业企业资质被取消，符合"淡化企业资质，强化个人执业能力"的事中事后监管理念，目的是通过降低行业就业和创业门槛，激发从业者的积极性和活力。项目经理创业门槛由于市场竞争的政策壁垒的取消，大大降低。

2. 物业服务企业的组织机构

物业管理属知识密集型的管理行业，不但是房地产经营的重要组成部分，更是现代化城市管理的重要组成部分，其重要性不言而喻，所以其组织机构的设置切不可照搬计划经济条件下的房管机构，一定要"因地制宜"。在组织物业服务企业时，不但要适应市场经济的要求，更要考虑物业管理的特点和职能，以确保企业经营目标的实现。

（1）物业服务企业组织机构设置的原则

第一，目标原则。在企业管理中，设置合理的组织机构是实现整体目标的有效方法之一。每家物业公司都有其独特的商业目标，所以在制定组织架构时，应该考虑公司的长远愿景。也就是说，公司的战略是由其内部的架构来决定的，而架构又会影响到公司的职能安排。

第二，统一领导与分级管理相结合的原则。实现有效管理是物业服务企业生存与发展的关键，故而企业应采取统一领导与分级管理相结合的原则。该原则要求企业成立一个作风优良、精干高效的领导层，以便进行决策。与此同时，为了满足服务的要求，企业应该灵活设立各级管理服务机构，且不同的物业应针对性地调整机构设置。通过这种方式，企业才可以统一指挥、逐级负责，从而实现有效管理。

第三，分工协作原则。通过有效的分工和紧密的合作，各机构之间建立起良好的协调关系，从而实现共同发展。分工与合作相辅相成，有着非常密切的关系——分工是协作的前提，它明确了各机构的职责，提高了各机构的专业化水平；协作则是分工的必然结果，通过协作，可以充分发挥各自的潜力，实现最大的效益。只有紧密的配合，我们才能发挥各自的优势。组织机构的专业分工与相互协调，是决定物业服务企业能否发挥最大效益的关键。

第四，权责对等原则。企业应该在责任和权利之间找到平衡，对于委任了任务的人来说，必须授予实现任务所需的必要权利。若缺乏权力的赋予，管理者的积极性将受到严重抑制，他们的责任也将变得毫无价值，从而导致企业目标的达成受到严重影响；而有权无责，则很可能会滋生官僚主义，导致权力滥用。

（2）物业服务企业组织机构的类型

物业服务企业组织机构的类型各种各样，通常采用直线制、职能制以及事业部制，等等。

当前，我国比较常用的组织形式有以下几种。

第一，直线制。是企业管理机构最早使用的组织形式。此种组织形式适合小型专业化物业服务企业，它的工作主要以作业性为主，比较常见的有保安公司、维修公司以及保洁公司等。小型的物业服务企业下设作业组，具体工作由经理指挥。

企业管理组织的直线制特征表现为，从上到下采取垂直管理方式，各级主管部门的负责人负责一切所属单位的问题，没有设置专门的职能机构进行管理，协助主管的只有职能人员。

此种组织形式的优点是办事效率高，权责统一；不足之处是需要领导具备较高的专业水平，很多业务都需要领导者亲自处理。

第二，直线职能制。这种组织形式建立在直线制的基础上，汲取了直线制的长处，直线职能制是指除了主管负责人以外，各级组织单位还设置了相应的职能机构。在自己的业务范围内，这些职能机构可以从事各项专业化管理活动。当前，直线职能制常用于大中型物业服务企业的管理工作中。

直线职能制将直线制和职能制的优点融合在一起，形成一种独具特色的组织形态，不仅采用直线制的集中统一指挥，使得管理更加高效、有效，还融合了职能制的分工明确，直线职能制把机构的粗制形式分为两层，即作业层和管理层，这种分层管理机制减轻了领导者的负担，提高了工作效率。

直线职能制的缺点是：上下级之间存在连接不及时的问题，下级通常缺乏自主权，部门之间也缺乏横向沟通，容易产生矛盾和沟通脱节，环境敏感度和信息反馈情况并不乐观。所以，在使用这种组织机构形式时，应该尽量克服部门之间沟通不及时的问题。

（3）主要职能机构

尽管物业服务公司的架构可能多种多样，但是不同的企业应该根据自己的规模和所提供的物业类型来确定架构，这样才能够更好地实现管理的多样化。通常，物业管理公司的组织架构主要由经理部门、职能部门和管理处等三个层次构成，具体部门包括但不限于以下几个。

①经理部：在物业服务企业中，经理部属于决策机构，一般会设置一名经理和若干名副经理。整体实行经理负责制，企业的所有事务都由经理负责，并由经理做最后决策和工作安排。副经理分管各自的工作，由经理领导，副经理指导和管理下属机构的工作，如果是重大事件，需要报请经理或者经理会议处理。

②办公室：属于综合行政管理部门，也是由经理领导，主要职责是培训工作人员，并集中管理企业的相关文件和档案，检查文件的执行情况以及监督法规的执行情况等。

③开发部：专职于业务开发部门，也由经理领导。随着全球经济的日益复杂，物业管理行业也迎来了前所未有的变革。企业的发展需要不断扩大自身的业务范围，而且，业主管理委员会拥有更多的自由裁量权，以确保物业服务企业能够在激烈的市场竞争中取得优势。所以，企业应该时刻保持前进，不断拓展新业务。开发部的主要职责就是明确目标，选择适合的物业投标，积极参与市场竞争。

④财务部：财务部也由经理领导，作为企业运营和管理的关键组成部分，财务部扮演着至关重要的角色，主要职责是核算经济、计划、财务以及收费等。

⑤业务管理部：业务管理部门在经理的领导下主要负责环境保护、卫生维持、治安管理、区域绿化以及车辆管理等工作，并且该部门也直接对接业主，负责处理停水停电的恢复等业务。

⑥工程部：工程部是技术管理部门，主要职责是管理、维修以及保养区域内的设施设备、公共设施以及房屋设施等。此外，在国家和地方政府的规定下，工程部还负责检查和监督业主入住之后的装修和改造。

⑦经营服务部：该部门的主要职责是为业主提供各种代办业务以及综合

服务。在经理的领导下，该部门可以积极开展经营业务，协助业主解决各种问题。

物业管理服务的高质量需要满足三个方面的条件：机构健全、管理人员到位以及管理制度完善。在建立机构时，应遵循通用的准则，考虑企业规模和管理对象并根据实际需要量身打造，以达到专业化发展的目的。

（二）业主管理委员会

业主即物业的所有权人。在物业管理领域，业主发挥了至关重要的作用。这是受物业管理供给主体的本质所影响，业主团体是物业管理市场的主要服务对象。供求双方良好密切关系的建立是良好物业管理的前提条件，也是推动物业管理标准化的实施是至关重要的一步，这一点毋庸置疑。

1. 业主管理委员会的成立

业主委员会需要业主提出申请，通过召开大会选举筹备组的成员，由筹备组进行业主委员会的选举工作，最后审批复核就可以成立了。业主委员会有业主选举产生，为业主提供服务，代表业主权益。业主委员会的选举也要依据法律的相关规定，否则就有可能造成滥用职权损害业主权益的发生。

业主管理委员会的成立条件和程序如下。

（1）提出申请

如果一个物业管理小区（大厦）符合以下任一条件，业主5人以上可以联名向当地街道办事处（或镇人民政府）提出书面申请，填写《首届业主代表大会筹备小组成立申请表》，以便成立首届业主委员会。

①物业已交付使用的建筑面积达到50%以上；

②物业已交付使用的建筑面积达到30%以上不足50%，且使用超过一年的。

（2）成立筹备小组

经街道办事处审核通过后，将会发出书面批复，指导小区（大厦）成立业主委员会筹备小组，以确保业主的权益得到充分保障。

（3）筹备小组开展筹备工作

①如果筹备小组被批准成立，那么它必须向建筑单位或物业公司发出通知，并且在15天内向街道办事处提供所有业主的个人资料，包括姓名、联系方式以及电话。一旦街道办事处接受了所有的资料，他们会在5天内把它们送回筹备小组。

②自成立30天内，筹备小组将制定《业主公约》《业主委员会章程》以及《业主委员会选举规定》，并在大厦内部的显著位置发出公告，以便获得业主的认可。同时，筹备小组也会在宣传栏内发布《业主委员会政策法规宣传资料》，以便更好地吸引业主参与，让他们更好地了解这些规定，为他们的权益做出贡献。

③为了组建业主委员会，筹备小组将邀请各楼宇业主通过自荐或推荐的方式参与选举。

④为了确保业主委员会的顺利进行，筹备小组将向所有业主发放候选人的简历表、选票的格式样本和业主大会的议程，并且向所有业主宣读《业主委员会选举办法》。

（4）召开大会选举委员筹备小组

在完成上述工作后，将候选人名单及简历表、《业主委员会选举办法》《业主委员会章程》《业主公约》等文件提交给街道办事处，并提出召开业主大会或业主代表大会的书面申请，同时要做好会务筹备工作，包括确定会议场地，组织人员印制选票，设置投票箱，向所有投票权人发出通知，并与街道办事处、派出所、开发公司、物业公司等有关部门进行沟通协调。

筹备小组根据议程召开大会：收集、登记选票；审议并表决通过《业主委员会章程》及《业主公约》；公开唱票、点票，宣读选举结果，产生业主委员会委员。会后筹备小组将大会签到表、选举结果统计表予以公布。

（5）申请登记业主委员会自产生之日起 15 日内，持下列文件向所在区或县级市房地产行政主管部门申请办理备案登记手续：①业主委员会登记申请表；②街道办事处核准证明；③业主委员会选票；④业主代表选票；⑤业主授权委托书；⑥业主大会或业主代表大会签到表；⑦业主委员会章程；⑧业主公约；⑨其他相关资料。[①]

（6）核准批复

在经过严格的审查和评估之后，业主委员会将获得正式的批准文件。接着，业主委员会需要凭借这份批复意见前往公安部门，办理公章的刻制手续。同时，还需要将公章式样报备给区或县级市房地产行政部门以及街道办事处。

2. 业主管理委员会的权利和义务

作为一个法人机构，业主管理委员会负责执行其职责并享受相应的权利等，委员会自成立之日起，就具备一定的权利，主要行使传达业主意愿和意志的作用，并将有关的物业管理事宜通知业主，详细来说包括选聘物业服务企业，解聘物业服务企业，是否动用房屋维修基金，评价和监督物业服务企业的服务水平，收费情况等，所以说业主管理委员会致力于保护所有业主的合法权益。

（1）业主管理委员会行使的职权：第一，召开业主代表大会，讨论并决定相关事宜；第二，聘请物业服务公司，签订委托管理协议，监督物业管理工作，并解雇不履行协议的物业公司；第三，对物业服务企业的物业年度管理计划和财务决算进行审议和监督；第四，审查和决定如何使用物业维修基

---

① 沈萍：《物业维权百姓读本》，四川人民出版社，2009，第 4 页。

金和公用设施专业基金，以确保公共利益的最大化；第五，对物业管理服务费用的使用和标准进行审议和决策；第六，决定是否扩充、改善、兴建各种辖区内的公共设施等。

（2）业主管理委员会的义务。业主管理委员会应该履行向业主（代表）大会报告工作的职责，具体来说包括：一是对物业服务企业的工作予以支持、配合和监督等；二是维护业主的合法权益；三是接受辖区内业主的工作监督；四是对于房地产行政主管部门和相关行政主管部门提出的工作指导和监督要予以接受和改进；五是通过积极的组织与实施，我们致力于为辖区居民提供更多的身心健康机会，并不断推动文明物业管理的发展。

第三节 物业管理的运作思考

一、物业管理的前期介入

在物业开发设计阶段就开始介入的方式称为物业管理前期介入，它主要是管理物业形成前的一些规划设计和建设，指导并组织物业开发、建设，为日后使用和管理等工作做前期准备。这种管理模式还不能对物业运行主体进行有效管理，它的主要作用在于能够完善物业服务企业的规划设计、加强物业的施工质量、严格物业的验收把关、积累大量的一手资料，为日后高效管理打下坚实的基础。

（一）前期介入的必要性

前期介入的必要性主要体现在以下几点。

1. 减少使用中的后遗症

物业管理的前期介入有效解决了物业竣工后产生的工程质量问题，将使用中产生的后遗症扼杀在萌芽阶段。

物业管理是为了维护业主合法利益，有效管理所委托的物业，这也是物业服务企业的基本职能所在。不过通过实践发现，物业服务企业也具有一些不良的先天缺陷：像设备性能不佳、设施配备不足以及未配备相关维护人员等问题。这些问题不是仅仅依靠物业服务企业就能得到有效解决的，而是要从根本上解决，就需要房地产企业或承包商在设备选择阶段就不能以次充好。为此，物业管理前期介入就很有必要，它能在源头上解决长期存在的问题和缺陷，将物业管理前期介入和规划设计、施工建设等交叉性问题同步进行，如此一来，既有效保障了专业化管理，也能及时地发现和改进设计上存在的问题，能够及时地修改和优化不当的设计，将后期可能出现的物业缺陷予以阻止和扼杀，为房地产开发项目市场竞争力的提升创造有利条件。

2. 对所管物业的全面了解

基于物业管理基础之上为业主提供优质服务的行为称为物业管理行为。只有全面了解物业，才能确保为业主提供满意的物业服务。若是等物业交付使用时才引入物业服务企业，那么将不利于物业服务企业了解辖区内的土建结构、管线定向、设施建设和设备安装等情况。所以这也证明，物业前期介入也很有必要，物业服务公司可以为业主提供更高品质的服务。

3. 为后期管理做好准备

物业管理具有高度的综合性。物业管理是综合了分散的社会分工，给业主提供了畅通的服务途径，从而综合化地提供物业服务。当然，合理的物业管理模式设计将有利于提高物业实体实施管理。物业管理前期介入的具体工作包括制定规章制度、草拟和协同相关文件、筹备和成立业主管理委员会、印刷各种证件、聘用和培训相关人员等。这样在获得物业交付验收以后，就能轻松地面对各项物业管理工作，并有效减少各种先天缺陷所带来的不利影响。

传统思想认为物业管理主要是针对物业使用的层面来说，因此往往要等到物业交付以后才会介入，当然这也是目前物业企业的主要管理模式。但是事实并非如此。房地产企业是以建造的简便性和节约化为前提来规划和设计的，没有考虑的管理层面的便捷性，因此在物业交付使用后就会凸显出各种物业管理的矛盾和缺陷。常见的问题如住房功能缺陷、车位拥挤、排水管理分布不完善等，还有各种相关的水、电、气、通风、交通等问题。这些不足之处极易引起业主的不满，加大物业管理工作的难度。若是引进物业管理前期介入，物业服务企业可以给出有效的规划设计建议，促进前期规划设计的合理性和有效性。由此可见，物业管理的前期介入，对于开发商和购房者以及物业服务企业来说，是对哪一方都有利的策略。

（二）前期介入的工作内容

物业服务企业实现物业管理前期介入需要做好以下几项工作。

1. 立项决策阶段

在房地产开发的第一个步骤中，企业必须进行立项决策，以确定将会进行哪些活动，以及有可能进行哪些活动。为此，房地产企业必须对市场进行全面的调研。这一时期，可以综合借鉴物业管理人员所提出的项目市场定位、潜在业主构成、消费水平、周边物业管理情况、管理标准和成本以及利润预算等情况进行考虑，这将有利于把握决策风险。

2. 规划设计阶段

打造一个有竞争力的产品需要满足很多条件，从房地产的角度来说，既要保证质量，也要保证服务性、布局合理性，同时还要考虑建材和造型的选择等。为了更好地促进房地产开发的合理性，物业服务企业可以发挥自身管理经验的优势，将各种不足之处和存在的缺陷及时发现，提出合理可行的建议。

（1）配套设施。随着人们生活水平的提高，对生活质量提出了更高的要求。因此，房地产企业不仅要考虑客户"住"的需求，还要从业主的享受和发展需求出发。房地产整体功能的发挥离不开完善的配套设施。像小区内的道路交通、优美和谐的环境、合理规划的场地等，都必须在开发规划的考虑范围内，对于不同的业主和物业管理来说，还要考虑各类商业服务网点、娱乐健身设备等设施的完善。

（2）水、电、燃气等的供应容量。在项目规划设计过程中，不能忽视水、电、燃气的供应容量参数，需要从国家的标准要求来设计，不能低于国家最低标准。不过事实上，受南北气候差异的影响，用量差异也是存在，而且人们生活水平的提高也会大大地提升各种能源的需求量。所以在规划设计时要注意留好富余量。

（3）安全保卫系统。通常情况下，小区的安全性是消费者购买物业服务首要考虑的问题。因此物业规划设计过程中也要充分考虑小区的安全保卫工作，为业主提供安全舒适的居住环境。现在，很多小区都启用了消防联动控制柜、远红外自动报警系统等现代化的自动报警系统。不过越是先进、完善的物业安全保障系统，安装维护成本也就愈加高昂，所以如何在最小成本基础上设置最经济有效的报警系统也成为物业管理的重点关注问题。

（4）垃圾处理方式。垃圾处理问题是物业必须且每天都要面对的问题，因为其与社区环境及居民的生活息息相关。一般情况下有两种处理方式——垃圾道或垃圾桶。两种方式各有利弊，如垃圾道的优势主要体现在业主的方便、快捷，但管理起来却非常麻烦且复杂，如需要保持清洁卫生，防止蚊虫等害虫的滋生。而垃圾桶则主要考虑排放及数量问题，以方便业主与维护社区的环境卫生。

（5）建筑材料的选择。工程质量、造价等都受到不同建筑材料的影响，物业服务企业在选择材料时可以运用以往的管理经验来做出选择，这样有利于后期维修管理工作的开展。

（6）其他方面。设计人员往往容易忽视一些小的规划设计问题。例如，各种室内管线的布局是否合理，电路接口的数量和位置设计在以后的检修中是否方便。甚至于开关的高度、数量和位置等都需要合理规划。虽然这些都是小问题，不会对大的建筑有什么实质性的影响，但是却会为主业带来使用带来影响，这也是物业管理需要提前规避的。

受物业管理工作特征的影响，从业人员要具有高度的敏感性，并且能够更加贴合业主的实际使用情况来开展物业管理改进和完善工作，此种做法将有利于之后物业管理工作的顺利开展。

3. 施工安装阶段

在施工安装阶段，如果物业管理人员参与其中，不仅对工程的监管力度大大加强，还可以为工程质量保驾护航；除此之外，建筑施工完成验收以及后期管理也更方便。其工作主要表现在以下两个方面。

一是解决常见的质量问题。建筑在使用过程中难免会出现一些问题，如卫生间漏水、墙体渗水等，而物业管理人员对相关质量问题比较熟悉，当出现这些问题时，物业管理人员可以在现场指导，以便于快速解决问题，避免后续出现更大的问题。

二是熟悉各种设备和线路。物业管理人员在这个阶段需要熟悉机电设备的安装和调试，并且要尽可能全面地收集物业的各种资料，以便为日后的管理工作做好充分的准备。

4. 预售阶段

物业管理参与到预售阶段的工作，主要是为管理做好前期准备，在这一阶段，物业管理人员的工作内容是：①制定物业服务规范、收费标准等，并予以公布。②做好物业管理咨询工作，为未来的住户提供服务。③与开发商合作，在售房合同中明确物业管理的重要事项，也可以签订管理前期合同。

物业管理参与到预售当中又可以分成不同的阶段，分别为早期、中期和后期三个阶段。在早期阶段，物业管理主要提供咨询和规划服务，参与相关决策和设计；中期介入是指在物业的施工阶段和物业设备安装阶段的介入，起工程质量监理的作用；晚期介入是指在竣工验收阶段和预售阶段的介入，起管家作用，并为承接物业做好准备。

二、物业管理的前期管理

物业服务企业通常由业主或通过召开业主大会确定，前期物业管理就是在确定物业服务企业之前，由开发商选择物业服务企业管理相关事务。

开发商在选择物业服务企业进行前期管理时，应积极响应国家号召，将房地产开发与物业管理分开，公开向社会招标，选择正规的物业服务企业。如果建筑规模较小，或投标太少，也可以上报给物业所在地的房地产行政主管部门，经过批准后，可以与相关物业服务企业签订合作协议。

前期物业管理和物业管理前期参与不同，但经常有人将它们等同起来，还有人认为前期参与属于前期管理，这是不对的，前期物业管理和前期参与有以下几点不同。

第一，二者是以不同的身份参与管理。物业管理前期参与的身份是咨询或顾问，虽然参与到房地产开发中，但和房地产企业之间不一定会签订合同，而前期物业管理必须和房地产企业签订合同，由房地产企业委托才能进行管理，主要方式是投标，这样物业服务企业就拥有了合法的经营管理权。

第二，二者起到不同的作用。在前期参与中，物业服务企业会根据今后使用和管理为房地产开发提供参考意见和建议，而房地产企业有权决定是否听取这些意见和建议，而且参与的时间及参与管理内容等也都由开发商决定，所以前期参与只起到辅助开发商的作用。而前期物业管理则由开发商将经营管理权完全委托给物业服务企业，物业服务企业管理并承担相应的责任。

第三，二者参与人员有区别。在前期参与过程中，物业管理会派遣个别专业工程人员参与相关工作，前期物业管理则是公司全员参与。

三、物业管理的接管与验收

（一）物业的竣工验收

竣工验收是建筑生产的最后一步。建筑工程项目施工完成、设备也都已安装完毕、符合项目文件规定的各种要求，能够投入使用，标志着项目竣工。工程项目完成以后，工程承包商要向开发商交接并办好相关手续。在办理交接过程中，开发商或某些专业的验收人员需要对工程进行检验，检验合格后才能办理相关手续，验收就是承包商将项目物业移交给开发商。

工程完工后要验收，验收合格后就可以投入使用，这也是为了确保工程项目的设计和施工质量过关。无论哪一种工程项目，按照先前规划的时间施工完成后，必须要经过验收，并且办理好相关手续，才能投入使用。

承包商和开发商之间必不可少的手续就是工程项目验收，验收后就能确定双方的责任，如果工程验收合格，开发商和承包商之间就此项目不再有合同关系。从物质的角度来看，承包商完成了一个建筑物，开发商完成了物业开发工作；而在法律关系方面，承包商就不再对开发商承担相应的责任。

（二）验收的种类

建筑工程项目验收分为不同的类型，上文介绍的是竣工验收，此外还有对正在施工的工程的验收。主要包括以下几种类型。

1. 隐蔽工程验收

隐蔽工程验收主要是为工程质量提供保障，以防有后顾之忧。验收的对象是其他施工工序隐蔽的部分工程，在隐蔽前验收。此种类型的验收是根据施工图设计和相关技术规范，由开发商和承包商共同参与验收，验收合格后就可以办理相关手续，开发商和承包商都需要签字，最后将文件归档。如果在检查过程中发现某些质量问题，需要立即采取措施解决，解决后还要对情况做出说明。如果不接受检验，则无法开始下一阶段的施工。

2. 单项工程验收

单项工程验收指的是某项工程根据预先规划和要求施工完成并能够投入使用之后，承包商就可以通知开发商验收。开发商接到通知后，应该先组织人员检查工程质量，了解隐蔽工程验收情况，并检查是否有遗漏的项目等，然后再与设计单位、承包商等验收工程。

3. 分期验收

如果工程项目是分不同时期建设的，或者有些单位工程已经具备使用条件，需要提前使用，就需要分期验收。例如先建成的住宅区就可以验收，这样就可以马上投入使用。

4. 全部工程验收

全部工程验收指的是根据设计要求和规划完成所有建设项目并达到验收标准后的验收。如果建设项目规模较大，在全部工程验收之前，应该做好充分的准备，先预验收，然后再正式验收。预验收小组成员包括开发商、设计单位、承包商等，他们需要做以下工作：①检查施工完成的建设项目，将相关资料交给开发商，确保资料的完整准确；②每一项工程的建设标准都要明确，严格把控施工质量，及时发现问题和隐患，并给到解决方法；③验收过程中存在争议的问题要及时解决；④监督某些需要返工重做的工程及收尾工程，检查进度；⑤检查废弃物治理；⑥完成验收报告并提交给验收小组。

验收机构负责正式验收工作。规模较大的建筑工程项目验收需要由国家相关部门或工程项目的主管部门与所在地区相关负责部门共同组成验收小组；规模适中的工程项目验收由上级主管部门或工程所在地组织人员验收。验收小组的成员主要包括主管部门、开发商、承包商、设计单位和相关专家等。

在物业前期管理过程中，以上各种建筑工程项目的验收都需要物业企业的参与。物业企业应该站在业主的立场上考察建筑工程是否符合今后使用的需求，并提出相关意见。这样做的好的处是防止今后物业企业与业主之间发生矛盾，物业企业可以掌握建筑相关信息，便于今后管理。

（三）物业的接管验收

1. 接管验收与竣工验收的区别

竣工验收与接管验收主要有三方面的区别。

一是验收的目的不同。接管验收的前提是竣工验收必须合格，以此为基础检查主体结构是否安全以及使用功能能否满足大众需求；然而竣工验收主要是检查房屋工程是否按照设计图纸施工并且是否符合设计文件规定。

二是验收条件不同。接管验收是基于竣工验收合格的基础之上，不仅相关部门要确认房屋编号，还保证了人们日常需求的基础设施的正常使用；竣工验收的前提是按照工程设计图纸要求施工，与此同时还要保质保量地完成建设。

三是交接的条件不同。在完成接管验收并获得认可后，物业公司将负责将其转交给开发商；而完成竣工验收时，开发商将会对其进行全面检查，并将其转交给物业公司。

2. 接管验收中应注意的事项

物业管理的接管验收对物业管理工作的正常开展起着至关重要的作用。物业企业接管验收的过程实际上就是物业实体管理的过程。总之，为了物业管理工作的顺利进行，在接管验收时要注意以下几个方面。

（1）在接管验收时，物业企业应该挑选有工作热情且精于业务的人员以及管理人员参与到其中。

（2）物业企业在验收的过程中，不仅要站在业主的角度上考虑问题，还要站在物业维护保养管理的角度上考虑问题，这样才能更全面地验收。

（3）在进行验收时，如果遇到任何问题，应立即记录并进行处理，并要求开发商限期整改、整修以及加固补强，直到验收合格为止。

（4）认真落实物业的保修规定。从建筑工程保修的相关规定来看，如果要是开发商负责保修，那么就需要向物业企业交一定金额的保修保证金；如果要是物业企业负责保修，那么开发商就需要一次性交纳保修的相关费用。

（5）开发商需要将相关的技术资料以及产权资料一并交给物业企业。

（6）物业企业只有政府赋予的相关权利以及物业的经营管理权。

（7）当接管验收完成时，物业企业需要签发相关的验收合格凭证以及接管文件。

只有在物业企业签发了相关的接管文件并办理了完结相关手续之后，接管和验收工作才能称之为正式完成。

（四）物业档案的建立

物业档案的建立不仅可以作为施工改造时的重要依据，还是物业企业更换时需要移交的重要文件之一。随着经济的不断进步与发展，科技的高速发展，现代建筑工程的楼宇建设以及建筑内部的结构也越来越复杂，如果出现问题，物业档案就会给维修工作提供极大的帮助，物业档案建立的重要性也由此体现出来。

物业档案的建立主要通过整理、利用、收集以及归案四个方面。收集就是全面地掌握所有的资料，包括物业从设计规划到最后竣工的所有相关资料，从主体到配套、从地下到楼顶，以及建筑物的周边环境等。整理的目的就是将没有用的资料处理掉，留下最有用的资料；归档就是将有用的资料分门别类地保存；利用则是将这些资料应用到日后的管理过程中。

四、物业的入住管理与装修

（一）物业的入住管理

入住其实就是租户或者业主拿到属于自己房子的钥匙，然后入住。在物业服务企业完成接管与验收工作以及具备了入住的条件后，物业企业就可以根据相关流程进入物业办理入住手续。物业企业要在第一时间将收楼须知、入住手续书、收费通知以及入住通知书寄给业主，为了方便业主更快地办理入住手续。

物业的入住阶段是物业企业第一次与业主接触，在这个过程中会有大量的繁琐事情出现，从而极易引发出各种矛盾，由此可见，这一阶段是最容易暴露物业在管理过程中所存在问题的。所以物业企业要把握好这一机会，为业主细心讲解，这样不仅可以做好物业管理的宣传工作，还能让业主体会到物业企业办事效率高、关心业主利益等特点，以此树立形象，得到业主们的认可。

入住过程中要办理大量的手续文件，这里介绍主要的几种。

1. 入住通知书

入住通知书，即物业通知业主在有效的时间内办理入住的相关事项。入住通知书的设置不但有利于提高物业公司的工作质量与工作效率，还方便业主办理入住手续。

物业服务企业在下发入住通知书时要注意以下两方面。

（1）当物业所管辖的业主比较多时，如果大家都同一时间来办理入住，势必会出现人员拥挤，办理效率低下等问题，进而引发业主对物业的不满，所以物业应该在入住通知书上注明各幢、各层的办理时间，这样业主们就可以分批办理，避免了业主聚集影响效率的问题。

（2）如果业主因为某些原因不能按规定时间办理，则需要在入住通知书上注明可以办理的时间并反馈给物业企业，待双方协商一致后再补办即可。

2. 入住手续书

物业服务企业制定入住手续书的初衷是方便业主，希望其对办理入住手续的具体程序能够清晰明了。物业服务企业一般都会在手续书上留有各部门的确认证明，每当业主办完一项手续，有关职能部门就会在上面盖章，以此证明。

3. 收楼须知

收楼是一项重要的活动，旨在确保业主和租户都能够接受并满意物业。收楼须知应注明业主在办理收楼的过程中需要携带的证件、费用以及合同等，这样就不会耽误客户的时间，由此造成的不便。

（二）装修管理规定

业主在收楼后可以开始装修，但是装修不能违反相关的规定。对于装修的有关规定如下：物业服务企业制定的《住户装修管理规定》以及住建部发布的《建筑装饰装修管理规定》。以上述规定为依据，业主在装修前需要向物业企业申请登记，需要填写业主装修申请表以及领取有关于装修的《装修管理规定》，然后向物业缴纳装修保证金以及管理押金，在物业企业批准之后，方可进行装修。等到业主完成装修以后，物业企业要验收，验收合格之后返还装修保证金以及押金。

第四节　智能化物业管理创新

20 世纪 80 年代以后，智能物业迅速崛起，它主要是利用通信网络技术和现代建筑技术相互融合而产生，具有很好的发展前景，世界许多国家都有智能住宅以及智能大厦。总之，智能物业是当今物业发展的新趋势。随着智能化物业的崛起，带来了智能化物业管理，也给传统物业管理带来了一定的冲击。对于传统物业服务企业来说，智能化的建筑不仅给其带来了挑战，还带来了一定的机遇。物业管理是一个复杂、完善的系统，不仅有利于房地产开发经营的延续，还对现代化城市管理起着至关重要的作用，面对科技的飞速发展，其最大的挑战在于如何适应它。随着人们的认知程度的提高，物业管理必将会向智能化、科技化的方向发展。

一、智能物业

近几年，智能建筑技术也在不断地发展中，其可以将区域的智能建筑统一管理，接下来，再把每个区域连接起来，并统一管理它们，这样就形成了智能城市和智能物业小区。智能物业小区不仅是智能建筑行业发展中的新的热点，还对智能城市的发展起着至关重要的作用。

智能物业小区不仅是一定区域内具有相同或者不同功能的住宅区，根据其特色功能进行智能化的分类，就可以达到资源共享以及统一管理的目的。与此同时，还会为业主创造一个舒适、便捷、安全且具有长远发展潜力的居住环境，可谓一举多得。

1997 年初，为了实现小康住宅的建设目标，我国颁布了《小康住宅电气设计（标准）导则》，明确提出了小康住宅电气设计应具备的基本要求，包括：舒适的居住环境、便捷的通信系统、智能化的家居系统、完善的信息服务体系以及极高的安全性。随着社会的发展，"理想目标""普及目标"和"最低目标"的三级设计标准为小康住宅和小区的家庭设备自动化、通信和网络配置以及安全等方面提供了更加完善的保障。

我国的建筑智能化引进比较晚，但是随着我国信息技术的快速发展，建筑师们也在完善建筑的智能功能，不断地提高认知水平。因此，智能建筑这一观念产生了，并得到了快速的发展。

智能建筑主要是新兴信息技术与传统建筑工程相互融合而产生的。智能建筑通过优化建筑物的智能系统、收集住户以及用户的服务需求、结合建筑环境结构等多方面因素，为开发公司提供一个最好的设计方案，为投资者创造一个新型的投资标的，为物业服务企业提供一个新的管理模型，为用户提供一个全新的智能家居空间。

二、智能化物业管理

智能物业与智能物业管理有着本质的区别，智能化是一种技术，它通过硬件设备来实现，可以为用户提供最好的服务环境，而智能住宅则是未来的发展趋势。可以归纳为四个主要特征：一是网络化，现在家庭办公、网上购物、远程教育等都是现代通讯和电脑网络化的真实体现，没有网络，也就无法实现智能化小住宅小区；二是智能化，住宅智能化将住宅从单一的居住功能转向休闲、娱乐、购物及教育和居家办公等多种功能，将狭小的、封闭的居住小区变成可以接触到整个世界的开阔区域；三是人文关怀，智能居住小区是顺应人类需求而诞生并发展起来的，所以在规划设计阶段，应充分考虑到住户的实际情况和不同需求，各个细节都应"以人为本"；四是综合化，智能住宅小区拥有多种功能，不仅包括通信、安全、物业管理，包括智能家居等多个领域，具有很高的综合能力。智能化住宅和智能化住宅小区的出现，为房地产企业提供了发展的空间，也为企业提供了展示自身价值的契机。随着智能化住宅的兴起，智能化住宅小区的建设为物业管理增添了许多高新技术服务，比如互联网服务，使得物业管理有了真正的"用武之地"，从而提高了物业的整体形象。

值得注意的是，要想真正实现智能住宅与智能住宅小区的智能功能，必须有一个前提，即物业管理的参与。而智能住宅和智能住宅小区的重要环节则是智能化物业管理体系，如果没有智能化的物业管理，就不可能实现整个住宅小区的智能化。只有物业的有效介入，对智能化的设备和设施进行有效管理，才能及时为居民提供的各种资讯，通过"智能化"，使居民能够真正感受到住宅社区的魅力，享受到安全、便利、舒适且丰富多彩的美好生活。

智能化的居住环境是现代化的必然要求。与一般的居住社区的物业管理相比较，智能居住社区的物业管理有着显著的差异。

第一，高度智能化。由于传统居住社区的建筑、设备、设施等硬件设施不够智能化，顶多只能进行部分智能化的改造，利用电脑进行物业管理，但应用领域比较窄。由于智能住宅小区拥有独特的优势，它们可以更好地满足物业的智能化需求，这种优势不仅体现在计算机的使用和管理方面，而且也远远超越了传统的住宅小区。

第二，效率更高，内容更丰富，管理更方便。具体体现在：①在房地产经营方面，如租金、水电、煤气等传统的费用；通过计算机管理，供暖等费用一目了然。房租、水、电、煤气使用也可以由专用的传感器准确地收集。这样既能增加办事的效率，又能降低缴费的争议，极大地便利居民。②物业管理行业内某些专项及特殊的综合性服务，例如：外卖服务、物业租售代理服务、保姆代雇；代为介绍家庭教师、订车、船及机票，其他中介咨询，购物，洗衣服务；社区的厨房等，通过网络操作，更加便捷和高效。③物业公司的经营和服务也将成为计算机网络的操作及管理者，通过互联网，为业主们提供各项管理服务，既能向业主征收资讯及服务费，又能彻底改变原有的面貌，提高企业的科技含量。管理服务人员的首要任务已不再门庭若市，忙于口头上的调停与劝说，更多的是管理与维护计算机网络，并提供网络资讯服务。同时，由于互联网的有效运作，物业的经营管理工作更加有效、易于开展。还为物业公司增加了收入的来源和利润。

第三，对管理者的素质提出了更高的要求。智能住宅小区的物业管理者不仅要具备一般住宅小区的物业管理人员应有的知识结构，还要具备电脑基础、网络、管理、维修等知识，并能熟练地使用各类办公软件，以便高效处理日常工作。

三、智能化物业管理发展的新要求

当智能化物业管理走进社区，因智能化住宅的特殊性，一定会给小区的物业管理带来一系列新的需求。

第一，要让房地产行业的从业者认识到智能住宅与智能建筑的区别，并力求从多个角度来做好小区的物业服务。智能住宅是智能化建筑业技术的拓展，同时也与智能建筑有着明显的区别。从智能内涵上讲，智能住宅着重于生活服务、安全、物业的经营与管理。因此，从业人员在实践中应将智能住宅小区与智能建筑区分为经营理念及经营服务的特定内涵，以社区为视角，为住户提供更好的物业管理和服务；同时，要主动开展智能设备的维修保养工作。

第二，要重视并积极引导房地产物业企业及早参与智能住宅小区的物业服务。一方面，要重视并切实督促物业公司及早介入智慧居住小区的物业管理；同时，相关政府部门也应重视并敦促物业公司尽早干预，以保障居民的人身安全和财产安全。

第三，为了提高智能住宅小区的管理水平，物业企业需要增强管理和服务人员的能力，尤其是对智能化系统的维护和管理人员的教培工作。房地产企业应当组织有关技术人才参加系统的开发和实施，开展工作培训，熟练运用系统的智能系统，将系统过程和数据统一存档，以保障系统的正常工作，同时也可以保障系统的管理员使用系统来为更多的住户提供方便。

第四，做好智能小区的物业服务工作。智能住宅小区的物业管理涵盖了普通住宅区的基本服务。①公共管理。主要包含：房屋维修管理，房屋设备管理，安全管理；道路交通管理，环境卫生管理，供暖管理，公共代理等。②一体化运营。具体分为两个部分：专项业务和特殊业务。具体表现为：衣着，饮食，居住，旅游，娱乐，购物、文化、教育、体育等领域的内容。此外，与一般的小区物业相比，智能化住宅小区的物业管理也增加了新的管理服务，例如互联网信息等。而目前智能住宅小区的物业管理工作也将由以往的人工查找和处理，转变成对网络的管理与维修。

因此，系统地组织与执行智能化居住小区的物业管理，重点是监控各种智能化仪表和设备的各种数据信息，且及时对其进行实时的分析和处理，智能住宅社区的物业经营模式从过去的以手工操作为主的经营方式向以机械操作为主的经营方式转变。

随着科技的飞速发展，人们对居住环境的要求已经不再局限于住宅的大小、基础设施和交通便利性，而是更加重视安全性、物业管理、与外界沟通以及信息服务等方面。开发一个受到广大居民欢迎的住宅楼盘是未来房地产市场发展的必要趋势。

参考文献

一、图书类

［1］蔡伟庆.房地产项目管理（房地产经营与估价专业适用）［M］.北京：中国建筑工业出版社，2010.

［2］高武，薛姝.房地产开发与管理［M］.徐州：中国矿业大学出版社，2018.

［3］龚鹏腾，赵琴.房地产开发与经营［M］.武汉：华中科技大学出版社，2014.

［4］韩国波.房地产开发［M］.重庆：重庆大学出版社，2008.

［5］戚瑞双，李宗彪，刘新华.房地产开发［M］.上海：上海财经大学出版社，2008.

［6］任宏，王瑞玲，赵丽.房地产开发经营与管理［M］.北京：中国电力出版社，2018.

［7］谭术魁.房地产经营与管理（第4版）［M］.北京：首都经济贸易大学出版社，2020.

［8］谭术魁，郭平，李国敏.房地产项目管理年（第3版）［M］.北京：机械工业出版社，2018.

［9］姚星明.房地产项目管理［M］.北京：化学工业出版社，2010.

［10］张娴，张妍妍，饶静.房地产开发与经营［M］.北京：航空工业出版社，2016.

［11］郑生钦.房地产项目投资决策与运营管理［M］.北京：中国建筑工业出版社，2015.

［12］周小平，熊志刚.房地产开发与经营（第3版）［M］.北京：清华大学出版社，2022.

二、期刊类

［1］蔡燕如.浅谈房地产价格营销策略［J］.品牌，2015（10）：16.

［2］曹蕾，王文进，马斌.房地产开发项目投资决策分析［J］.水利与建筑工程学报，2010（1）：65-68.

［3］陈辉玲，程龙.关于房地产项目可行性研究评价指标体系的探析［J］.中国房地产业，2019（11）：131.

［4］陈瑞亮，李培.浅议房地产项目的市场定位问题［J］.城市建设理论研究（电子版），2012（34）：1-5.

［5］崔淇.对房地产市场调查质量控制的探讨［J］.经济视野，2014（13）：325-325.

［6］丁雪.关于房地产建设项目开发全过程成本管理的探讨［J］.中国民商，2022（5）：75-77.

［7］富起.房地产项目开发中的运营管理流程分析［J］.中国房地产业，2019（12）：126.

［8］顾豪樑.房地产项目的市场定位研究［J］.中国房地产业，2020（14）：288-290.

［9］郭欣.房地产开发项目的融资成本及风险防范［J］.经济研究导刊，2016（11）：36-37.

［10］胡振浪.房地产开发项目投资决策理论及实践研究［J］.大科技，2019（23）：12-13.

［11］黄冰心.浅谈房地产开发项目工程招标及合同管理［J］.河南建材，2018（4）：159-160.

［12］雷天歌.项目融资模式在房地产开发中的应用［J］.企业导报，2016（8）：13-14.

［13］李杏.论房地产建设工程项目合同管理要点［J］.房地产导刊，2014（21）：18.

［14］厉保全.房地产项目开发运营管理探讨［J］.中国经贸，2016（15）：143.

［15］刘毅.房地产项目开发全生命周期运营管控要点［J］.中国房地产业，2020（4）：145.

［16］马晓冰.项目投资决策在房地产开发中的应用［J］.城市建设理论研究（电子版），2012（6）：1-5.

［17］苗鑫洁.房地产项目开发中的运营管理［J］.低碳地产，2016(17)：483.

［18］牟云静，邵继红.关于房地产营销渠道战略的探析［J］.现代经济信息，2015（19）：317-318.

［19］潘文华，张怡平，赵文娟.房地产市场销售的促销策略［J］.山西建筑，2002（5）：102-103.

［20］邵焱.房地产营销渠道的问题与对策［J］.江苏商论，2008（9）：64-65.

［21］孙吉猛.房地产项目开发过程中施工阶段的质量管理［J］.中国房地产业，2020（23）：143.

［22］王宏炜.房地产项目开发中的运营管理［J］.中国房地产业，2018（29）：176.

［23］王建华.基于房地产开发项目工程管理质量控制措施研究［J］.城市建筑，2017（3）：119.

［24］肖芳林，仇俊林.房地产投资决策阶段风险及其防范探析［J］.全国商情·理论研究，2011（14）：33-34.

［25］肖汉聪.浅谈如何做好房地产开发项目工程质量管理［J］.丝路视野，2017（28）：189.

［26］燕强.房地产开发项目建设工程合同管理探析［J］.中国房地产业，2017（4）：114.

［27］杨延超.房地产开发项目融资成本及风险探讨［J］.经贸实践，2017（13）：95.

［28］杨玉芹.浅谈房地产开发项目工程招标及合同管理［J］.城市建设理论研究年（电子版），2013（23）.

［29］张新建.试论房地产开发项目投资决策的经济分析与成本控制［J］.现代经济信息，2015（21）：227-227.

［30］赵小钥.房地产开发项目成本管理控制与策略［J］.安顺学院学报，2022（1）：111-113.

［31］郑广城.房地产开发项目投资决策的经济分析［J］.中国集体经济，2011（6）：34.

［32］钟传祥.房地产开发项目融资风险及防范措施［J］.中国科技投资，2021（17）：119-130.